INVENTAIRE.
X 26,509

INSTRUCTIONS

POUR L'ÉTUDE ÉLÉMENTAIRE

DE LA

LINGUISTIQUE INDO-EUROPÉENNE

(192) Senlis. Imprimerie Duriez, 9, rue Neuve-de-Paris.

ABEL HOVELACQUE

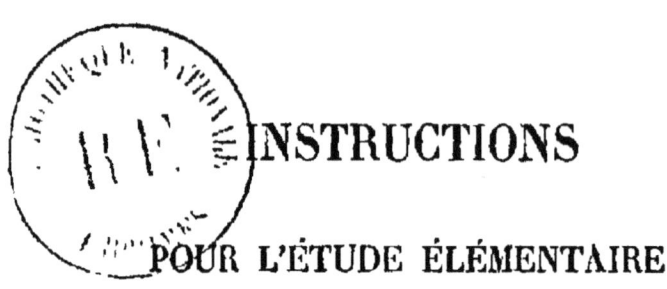

INSTRUCTIONS
POUR L'ÉTUDE ÉLÉMENTAIRE
DE LA
LINGUISTIQUE INDO-EUROPÉENNE

PARIS

MAISONNEUVE ET C⁰, LIBRAIRES-ÉDITEURS

15, quai Voltaire

1871

En témoignage de gratitude

l'auteur

présente respectueusement ces pages

à MM. de l'Académie de Stanislas

à Nancy.

C'est à juste raison, me semble-t-il, que l'on peut dans l'ensemble des sciences, ou, pour mieux dire, dans la science, ne voir qu'une simple classification méthodiquement et naturellement ordonnancée. Reste à entendre ce que c'est qu'une classification méthodique et naturelle. La classification scientifique est placée hors de la conscience humaine, en ce sens qu'elle échappe aux fantaisies de l'arbitraire et ne consiste rigoureusement que dans l'enchaînement des données fournies par l'expérience. C'est sur ces données seules que devient possible un ordonnancement légitime; et telle est en réalité la rigueur du vrai que le classificateur ne se trouve au bout du compte que le scribe fidèle de la nature bien entendue.

Les cent ou cent cinquante dernières années ont répondu suffisamment à cette question.

Sans prendre l'étiquette de « positiviste », réservable uniquement, comme de juste, à ceux-là seuls qui font profession de « philosophie positive », il est permis de s'en rapporter à la théorie émise par le père du « positivisme », Auguste Comte, concernant la sériation scientifique et la subordination réciproque des connaissances diverses. Pour ceux d'entre mes lecteurs qui se trouvent moins familiarisés avec l'enseignement de Comte, il n'est sans doute pas hors de propos d'insister quelques instants sur ce point.

C'est bien évidemment à la mathématique qu'appartient le premier échelon, c'est-à-dire à l'ensemble des notions les plus simples, des nombres, des formes géométriques. Voilà la plus générale des sciences, la seule marchant de ses propres moyens et sans le secours forcé d'une autre espèce de connaissances.

L'astronomie se trouve déjà à un degré supérieur. L'observation qu'elle comporte est de beaucoup plus compliquée, et d'ailleurs, signe certain de sa subordination à la mathématique, sans cette dernière elle ne pourrait exister ; la géométrie et la mécanique constituent ses indispensables moyens pour arriver à déterminer la grandeur, la distance des corps dits fixes, des corps planétaires, la forme des orbites, les lois des mouvements. En troisième lieu, au troisième poste hiérarchique, nous avons affaire aux propriétés physiques : à la pesanteur, à l'électricité, au magnétisme, à la chaleur, à la lumière, au son. « Quittant les spéculations de l'étendue et du mouvement, quittant la contemplation des corps célestes, un nouveau pas nous amène aux phénomènes déjà moins généraux dont s'occupe la physique. A celle-ci donc est assignée la troisième place. Le secours des mathématiques lui est indispensable ; grâce à elles seules l'esprit pénètre profondément dans la règle des choses ; sans ce guide, qui tantôt rectifie l'expérience et tantôt la devance, les théories seraient bien moins sûres et bien moins compréhensives. Quant à sa liaison avec l'astronomie, elle est évidente dans l'étude de la pesanteur, la plus parfaite des théories physiques, mais aussi qui n'est qu'un cas particulier de la gravitation céleste. Malgré les puissantes ressources que lui offrent les mathématiques, malgré la possibilité de varier sans fin ses expérimentations, combien la physique est loin de la régularité et de la perfection qui sont le lot des mathématiques et de l'astronomie ! C'est que là les données de l'expérience interviennent en bien plus grand nombre et compliquent immensément les recherches. Le phénomène réel, tel qu'il se produit, ne peut que rarement, et dans des circonstances heureuses, passer sous l'élaboration directe de l'instrument mathématique. Au reste, l'histoire même des sciences témoigne de cette subordination de la physique à l'égard des mathématiques et de l'astronomie ; déjà parmi les Grecs la géométrie avait fait de brillantes découvertes, déja de précieuses acquisitions étaient entrées dans le domaine de l'astronomie, quand la physique en était à peine à quelques ébauches primitives ». Littré. National, Décembre 1844.

La binarité des éléments va caractériser le quatrième échelon.

« Si la propriété chimique appartient à toute matière, sans exception, elle ne lui appartient que quand deux matières différentes, deux éléments sont en présence. Pour qu'elle se montre il faut un couple, il faut un contact binaire. C'est là un caractère déterminant qui spécialise, quant à la matière, la chimie déjà spécialisée quant à la propriété ». Même auteur. Paroles de philos. posit., deux. éd. 14 s. Ce nouveau pas nous amène donc des propriétés physiques, relatives à la matière considérée en masse, aux propriétés chimiques, c'est-à-dire aux propriétés moléculaires. La particularisation continue sa marche, mais toujours et forcément avec l'appui des données plus générales précédemment obtenues par l'expérience.

« La grande science des êtres vivants, la biologie succède à la chimie. De la chimie seule elle apprend que les tissus organisés sont composés des éléments inorganiques disséminés dans le reste de la nature ; que les matériaux s'échangent incessamment entre eux dans le sein des corps animés, et que la nutrition, qui est, avec la reproduction, la vie entière dans le végétal et la base de tout le reste dans l'animal, n'est, à vrai dire, qu'un immense travail de composition et de décomposition chimiques. La biologie est tellement liée à la chimie, qu'aujourd'hui ces deux sciences sont vicieusement enchevêtrées dans ce qu'on nomme chimie organique, et le domaine respectif de chacune n'est pas même déterminé. Ici, il faut signaler un point essentiel dans l'histoire : la biologie, malgré sa subordination hiérarchique à la chimie, n'est point une science de tout point récente; Aristote, Hérophile, Erasistrate, Galien ont exécuté des travaux véritablement positifs. C'est que la biologie a pu être attaquée directement par l'anatomie, et on a tout d'abord étudié les fonctions des organes. Mais, pour l'antiquité, la nutrition est restée lettre close : la nutrition, fondement de toute vitalité ; un abîme séparait le monde organique du monde inorganique ; et, en l'absence d'une science qui n'existait pas, on ne pouvait se faire aucune idée positive de l'élaboration par laquelle les tissus vivants se formaient aux dépens des matériaux bruts. La chimie a comblé cet abîme, et il est constant que la biologie, fragment isolé jusqu'alors, n'a été introduite dans la science générale qu'après la création de la chimie. C'est là le vrai point de vue de l'histoire scientifique et l'explication d'une anomalie apparente ». Même auteur, National. Déc. 1844.

Nous voici au sixième degré, la sociologie. Une fois l'individu bien connu sous les rapports statique et dynamique, arrive l'examen de sa fonction en société : « la biologie fournit à la science sociale le terrain, comme la chimie le fournit à la biologie elle-même. » Ibid.

Encore un coup, l'on a beau se tenir à l'écart de l'église positiviste et se montrer rebelle, par exemple, à sa théorie des trois états des conceptions sociales, ainsi qu'à sa politique, force est bien de reconnaître que la classification, dont les traits essentiels viennent d'être formulés, correspond, dans la réalité, à la nature des choses, s'élevant par degrés des phénomènes les plus généraux, c'est-à-dire les plus simples, aux plus particularisés ou plus composés. Cet ordonnancement systématique, constituant par lui-même la philosophie, ou, pour mieux dire, adéquat précisément à ce qu'on peut appeler la philosophie, est adéquat également à l'évolution naturelle et ne laisse aucune place, pas plus que la nature elle-même, aux notions métaphysiques de hasard, d'absolu, d'indémontrable, de surnaturel, notions repoussées sans transaction possible par la méthode expérimentale.

Les lignes qui précèdent ont pour but de faire toucher du doigt bien sensiblement la place qu'occupe, dans la série des connaissances, la science du langage, ou linguistique.

L'observation nous démontrant que, seul, l'homme possède le langage articulé, et que l'homme n'est homme que par le langage, c'est au sommet de la biologie que la linguistique trouve sa place : en un mot la science du langage est une science naturelle.

Et ici le mot langage demande à se trouver entendu sans équivoque. Dans son acception la plus large, il peut assurément qualifier les gestes non-seulement muets, mais bien aussi sonores, communs à l'animalité entière, c'est-à-dire les cris plus ou moins voulus, véritables interjections. Ces gestes sonores constituent un langage réel, mais réservons le mot dont il s'agit au seul langage articulé, au langage humain, caractéristique de l'humanité.

On a soulevé, et à plusieurs reprises, cette singulière proposition que l'absence de constatation d'un organe humain du langage pouvait peut-être enlever à cette étude son caractère naturel. Cette objection est paradoxale, et il est aisé de lui répondre. L'expérience, en effet, enseigne invinciblement que, de même qu'il n'y a pas plus d'effet sans cause que de cause sans effet, il n'y a pas davantage de fonction sans organe que d'organe sans fonction. Quiconque tient le langage articulé comme indépendant d'un organe, donne la main, qu'il le veuille ou non, à quiconque croît à la pensée sans matière, au composé sans composants, à la sécrétion par elle-même, à une création quelconque, à un créateur incréé ou se créant de soi, en un mot à l'effet sans cause.

Mais c'est un lieu commun que cela, et il faut pourtant bien qu'en fin de compte l'amour du paradoxe le cède à la bonne foi et à la raison.

On sait d'ailleurs que, dans la voie des localisations cérébrales, c'est précisément en ce qui concerne le langage articulé que les pas les plus sérieux ont été faits. L'expérience arrive à cette conclusion que l'aphémie correspond à une lésion de la troisième circonvolution frontale. Chose curieuse, la très grande partie de ces cas de lésion affectent l'hémisphère gauche du cerveau : on peut diagnostiquer ainsi à peu près à coup sûr. Si mes lecteurs se peuvent procurer les tomes IV, V, VI des Bulletins de la Société d'Anthropologie de Paris, ils y trouveront, à ce sujet, des renseignements fort importants. J'attire tout spécialement leur attention sur la communication faite, en 1865, par M. Broca : VI 377.

La question de décider si la linguistique est ou non une science naturelle dépend du point de vue plus ou moins scientifique que l'on possède sur l'ensemble des connaissances. Un auteur étranger, bien connu en France, — trop connu, malheureusement, quand l'on songe à l'oubli où sont tenus plus ou moins adroitement tant d'autres que leurs travaux mettent au premier rang ! — a consacré quelques pages à cette question. L'auteur dont il s'agit range bien notre science parmi les sciences naturelles, mais il est curieux de voir contre quelles objections il croit devoir s'escrimer. La première des objections qu'il combat, c'est, dit-il (je cite textuellement), « que le langage est l'œuvre de l'homme, qu'il a été inventé par l'homme, comme moyen de communiquer ses pensées, quand les regards et les gestes devinrent insuffisants ». Objection facile à résoudre et qui, en réalité, n'en est pas une : l'auteur se donne une victoire aisée et lutte contre un fantôme. Quand Locke, Adam Smith et autres viennent me dire « l'homme inventa le langage le jour où ses gestes lui parurent ne plus répondre à ses besoins d'expression », je ne vois nullement en cela d'objection au fait naturel dont il s'agit. Nombre de personnes soutiennent aujourd'hui encore cette opinion, mais prétendre même la réfuter manque, à mon sens, de sérieux. C'est accepter la discussion sur un terrain métaphysique, c'est-à-dire arbitraire et anti-scientifique. La seconde objection que se propose l'auteur à lui-même, c'est que le langage étant susceptible de perfectionnement, il se distingue en cela des produits de la nature, et sa réponse est que ce n'est point de changements, mais bien de développement qu'il s'agit ici. Objection déplorable, mais non moins déplorable réponse ! Le changement des choses naturelles, qu'est-il donc, sinon un développement? D'ailleurs, la théorie transformiste a bien droit à plus d'égards. Je ne me suis jamais demandé pourquoi le célèbre auteur dont il est question en ce moment prenait plaisir à se rencontrer avec ses adversaires sur un terrain pareil, sans me répondre immédiatement par le fait de son manque total de notions positives sur l'ensemble des sciences. Nous avons affaire à un indianiste sans doute fort distingué, mais également à un métaphysicien achevé : j'ai pris en note dans ses livres un bon nombre des passages les plus fantaisistes, et j'en rapporterais volontiers quelques-uns, si ces ouvrages n'étaient connus et si nous n'avions d'ailleurs à nous occuper de choses sérieuses.

Etant un fait naturel, le langage suit naturellement la loi des phénomènes naturels, et la question de son origine ne peut être tranchée légitimement, scientifiquement, que par le naturaliste. On a fort abusé, bien que dans les intentions les plus pures, de cet axiome prétendu : telle langue, telle race. Sans aucun doute, la linguistique a rendu à l'anthropologie un service remarquable en mettant cette dernière sur des traces qu'elle aurait eu, autrement, des peines singulières à découvrir. C'est là un fait incontestable et que personne, d'ailleurs, ne songerait à nier. J'indique à ce sujet, et d'une façon toute particulière, le discours prononcé à la Société d'Anthropologie en juin 1862 par M. Broca. Ce discours, qui ne compte pas moins de quarante ou cinquante pages d'impression, n'a malheureusement pas rencontré toute la notoriété dont il est digne, et je mets au nombre de mes soins les meilleurs celui d'en recommander la lecture attentive. On le trouvera au tome troisième des Bulletins de la Société d'Anthropologie de Paris. P. 264 ss.

« On vient de voir, dit l'auteur, non-seulement qu'il est possible qu'une race perde sa langue en adoptant celle d'une autre race, mais encore que cela a lieu fréquemment, dans la période historique, chez des peuples qui, pour cela, n'ont changé ni de race ni de type. Les caractères linguistiques ne sont donc pas permanents ; aux modifications spontanées qu'ils péuvent subir par la seule action du temps, surtout chez les peuples sans littérature, et auxquelles il est difficile d'assigner des limites, se joignent les modifications accidentelles ou occasionnelles, les substitutions radicales qui peuvent s'effectuer rapidement au contact d'une race étrangère, alors même que le mélange des sangs est insuffisant pour imprimer à la race autochthone des changements durables.

« La linguistique ne fournit donc pas à l'anthropologie des caractères de premier ordre. Là où il y a contradiction entre son témoignage et celui de l'anatomie, nous n'avons pas à hésiter. Si deux races qui parlent la même langue ou deux langues affiliées, sont séparées par des différences physiques bien tranchées, nous ne les confondrons pas en une seule et même race ; et si deux peuples, semblables par tous leurs caractères physiques, diffèrent essentiellement par le langage, nous ne méconnaîtrons pas pour cela l'unité de race.

« Les linguistes ont sur nous un grand avantage : c'est qu'ils peuvent se passer de nous, tandis que nous ne pouvons nous passer d'eux. Pour disséquer les langues, pour les grouper en familles, pour découvrir l'histoire de leur formation, de leur évolution intérieure, de leur dissémination parmi les peuples, il n'est pas nécessaire de se préoccuper des questions de race ; il est même bon d'aborder ces difficiles problèmes sans idée préconçue et sans s'inquiéter d'autre chose que de découvrir des faits qui ne relèvent que d'eux-mêmes. Quand même les peuples qui parlent les langues indo-européennes seraient répartis sur tous les degrés de l'échelle humaine, quand même ils présenteraient tous les types, depuis celui des Germains jusqu'à celui des Australiens, la certitude de la linguistique, sa valeur scientifique n'en subiraient aucune attteinte..... Nous sommes donc les tributaires de la linguistique, et des tributaires reconnaissants ; mais nous ne devons pas, nous ne pouvons pas être ses esclaves. Ce que nous lui demandons, ce sont des renseignements, et non des arrêts. Les faits qu'elle nous fournit, nous les tenons pour certains ; mais c'est à nous seuls qu'il appartient de les appliquer à l'anthropologie, et nous pouvons le faire sans être linguistes, de même qu'un médecin n'a pas besoin d'être chimiste peur appliquer à la thérapeutique des propriétés d'un composé chimique nouvellement découvert. Ces faits, que la linguistique étudie pour eux-mêmes et par eux-mêmes, l'anthropologie les confronte avec des faits d'un ordre tout différent, et c'est sur l'ensemble de tous ces faits qu'elle pose ses conclusions, ou, à défaut de conclusions positives, celles qui réunissent la plus grande somme de probabilité ». Op. cit. p. 297.

Ces paroles résument nettement la question et n'empruntent pas une médiocre importance à la personne de leur auteur. Mais par contre l'axiome retourné : telle race, telle langue, alors qu'il s'agit de la formation de la langue, est de la plus rigoureuse précision. Il énonce simplement le rapport de la production au producteur.

La question de l'origine une ou multiple des différents systèmes linguistiques se lie d'une façon intime, ainsi qu'on le conçoit aisément, à la question du monogénisme et du polygénisme. Il est certain que notre science apporte un fort appui à l'opinion polygéniste. Si nous prenons la peine de rechercher la nuance philosophique générale des défenseurs de la pluralité originelle des langues, nous serons amenés à les classer à peu près tous parmi les esprits dégagés de liens métaphysiques et étrangers aux différentes sectes religieuses. Les champions d'une unité linguistique primordiale nous apparaissent tous, au contraire, comme livrés, dans leurs notions philosophiques, aux disputations sur l'absolu, le supernaturel et le miraculeux. C'est là, tout d'abord, un signe dont l'induction fait son profit. D'autre part il est incontestable que les rangs des polygénistes se trouvent garnis des auteurs les plus sérieux et les plus autorisés, sinon les plus brillants et les plus fantaisistes. Second point dont s'emparent les prévisions. Troisièmement enfin, les faits, et c'est là la seule raison concluante, mais concluante rigoureusement, — les faits, dis-je, démontrent l'irréductibilité parfaite des divers systèmes linguistiques entre eux. Voilà une question que je ne puis examiner ici de plus près, sous peine d'être entraîné à une digression hors de toute proportion; mais je ne crains pas d'affirmer que les réducteurs à l'unité des systèmes différents ou bien (et c'est le cas le plus fréquent) manquent des connaissances les plus élémentaires, ou bien sacrifient à des nécessités sociales plus ou moins exigeantes, ou bien enfin sont liés par des préjugés religieux d'ailleurs indiscutables.

Quoiqu'il en soit, l'étude suffisante et conduite de bonne foi nous amène à cette conclusion qu'il est absolument anti-scientifique d'admettre une unité primordiale des langues. C'est là un point sur lequel Schleicher se plaisait à insister, non sans juste raison, et qu'il traita à plusieurs reprises dans ses différents écrits. J'ai en ce moment sous les yeux le chapitre de son beau livre D i e d e u t s c h e s p r a c h e (livre sur lequel j'aurai plus loin à revenir d'une façon spéciale), où il est question de l'historique du développement du langage ; j'aimerais à reproduire ici-même ce chapitre en entier si la place ne devait être réservée également à d'autres sujets. La langue, s'y trouve-t-il dit, étant un attribut essentiel de l'homme, celui-ci ne devenant homme que par elle, la question de la pluralité primordiale ou de l'unité coïncide avec celle du polygénisme ou du monogénisme. La philosophie de la nature devrait décider déjà en faveur du polygénisme, car on peut supposer difficilement que l'existence d'un membre si essentiel dans la chaîne des organismes ait pu se trouver en proie aux hasards, aux aventures qui mettent en péril la vie d'un individu ou d'un petit nombre d'individus. La simple création d'un homme ou d'un couple humain eût été une contradiction formelle et criante avec tout ce que nous savons des procédés de la nature. A s'en rapporter à l'analogie, l'homme s'est développé de formes inférieures, et il devint homme, au sens réel du mot, au moment où son développement en fut arrivé au langage. Il n'y a dans la conformation des langues rien qui contraigne à les ramener toutes à une origine : leurs différences, bien au contraire, leurs différences même dans la partie phonique et avant tout dans le rapport des sons à la notion par eux exprimés, sont tellement considérables que personne ne peut être amené, en s'appuyant sur l'examen même des langues, à leur assigner à toutes une source unique, un seul point de départ. Des coïncidences rares et isolées n'ont aucune portée, aucune valeur, en présence de l'énorme différenciation des racines dans les langues diverses. Si, dès la jeunesse, on ne nous avait entretenu l'esprit de la fable hébraïque monogéniste, aucune personne, versée dans les langues n'aurait en l'esprit l'idée aventureuse, romanesque, de tirer d'une langue mère commune les différents organismes linguistiques. « Et puis, continue l'auteur, comment donc aurait été constituée cette langue dont auraient pu se développer, par exemple l'indo-germanique et le chinois, le finnois et le namaqa, etc.? Tous vestiges d'une commune origine manquent à ces langues, vestiges qui ne peuvent se dérober totalement à la recherche scientifique dans les langues réellement issues d'une même souche. C'est en vérité une voie suivie par bien des personnes de tenir pour alliées possibles, au mépris d'une méthode rigoureuse, un si grand nombre de langues, comme si l'on y était contraint par une puissance quelconque à laquelle il faille accéder aux dépens de la constatation scientifique. Mais quiconque, libre d'un semblable souci, considère d'un regard paisible le monde des langues, n'arrive en fin de compte ni à admettre cet énorme corps linguistique que l'on composait avec des langues les plus différenciées, à peine analogues au point de vue morphologique, mais totalement distinctes quant à leur matériel phonique, — ni à admettre davantage une parenté historique des langues, une dérivation à toutes commune. A l'écart donc ce préjugé : sa place est dans la mythe et non dans la science. » Op. cit. deux. éd. 38.

L'on n'invente pas plus une langue (ajoute Schleicher, après quelques lignes consacrées à l'examen de l'hypothèse d'une invention du langage), que l'on n'invente une rose ou un rossignol. Plus loin, il revient au sujet qui nous occupe :

« Là où se développèrent les hommes, là aussi naquit le langage….. L'arrivée à la condition humaine [menschwerdung] prend commencement avec l'éruption du langage, et, si l'on veut, le langage se trouve établi avec l'homme. Les sons du langage, c'est-à-dire les images phoniques représentatives des intuitions amenées à l'organe de la pensée par les sens, et les conceptions qui s'y forment, étaient différentes chez les différents hommes, mais elles étaient bien les mêmes chez les hommes essentiellement de même race et vivant dans les mêmes conditions. Un phénomène analogue se manifeste dans la vie postérieure des langues : les hommes essentiellement de même race et vivant dans les mêmes conditions varient tous leur langage de la même façon, et cela inconsciemment, sans initiative de leur part. Il est aussi vraisemblable à un haut degré que, de même qu'il en arriva plus tard chez tous les peuples, les variations du langage prirent route devant elle d'une façon essentiellement proportionnée, de même, aux premières époques, la formation des sons les plus simples de relation trouva lieu d'une façon essentiellement proportionnée dans un nombre d'individus proches les uns des autres. De même par exemple qu'un Allemand change en h un k primordial, et un d primordial d'abord en t puis en z, sans qu'un Allemand ait conçu l'idée d'une telle variation et l'ait communiquée à ses compatriotes, de même nous n'avons pas à penser qu'un homme, qu'un individu ait imaginé telle ou telle désignation sonore des choses, puis l'ait communiquée à son proche voisinage. » Op. cit. 40.

Sans quitter ce sujet, mais en l'envisageant

sous un autre point de vue, nous avons encore à constater ce fait très-évident que plus nous remontons dans les âges, plus nous avons en face de nous de langues différentes. Loin de retourner à une unité nous rebroussons chemin au contraire vers une multiplicité extraordinaire. Je ne fais pas allusion ici à ces langues vulgairement dites mortes, telles que le latin, le vieux haut allemand et autres semblables. En aucune façon, car, à sainement les prendre, ces langues sont aujourd'hui encore parfaitement vivaces et vivantes bien que plus ou moins transformées. Le vieux haut allemand du dixième siècle est devenu, par le moyen haut allemand, et sous des influences plus ou moins heureuses, l'allemand moderne ; le français, l'italien, le roumain et leurs autres frères novolatins ne sont en réalité, à l'heure actuelle, que du latin transformé selon certaines lois, avarié par quelques accidents, et parlé au dix-neuvième siècle. Mais le lithuanien, par exemple, et les langues celtiques marchent plus ou moins rapidement à une mort inévitable. La question n'est pour eux qu'une question de temps. Après tout, eux disparus, ce ne sera là encore que la perte de deux rameaux et l'aryanisme n'en aura reçu aucun coup fatal, — mais en d'autres cas, et, c'est là vraiment notre sujet, ce sont des systèmes proprement dits, de véritables troncs qui viennent à disparaître. En cela il en est absolument des langues comme des races.

Voilà qui me ramène encore à une citation de Schleicher, mais tirée d'un autre de ses ouvrages : **Ueber die bedeutung der sprache für die naturgeschichte des menschen** (1865).

« Si c'est par la langue seulement que l'homme est homme, nos premiers pères n'ont pas été tout d'abord ce qu'aujourd'hui nous appelons hommes, puisqu'ils ne le sont devenus qu'avec la formation du langage. — Or, formation du langage a pour nous le même sens que développement du cerveau et des organes de la parole. — Les résultats de la glottique nous conduisent ainsi tout à fait décidément à admettre un développement graduel de l'homme, développement de formes inférieures : on sait que, de son côté, la science de la nature est arrivée de nos jours à cette même hypothèse. A cause de cela déjà le langage peut avoir son importance dans les recherches naturelles, spécialement en ce qui concerne l'histoire du développement de l'homme. Les langues, qui, jusqu'à ce jour, ont été analysées dans leurs éléments les plus simples, et celles qui sont restées aux plus simples degrés de développement montrent que partout la plus ancienne

forme linguistique était essentiellement la même.
Ce qu'il y a de plus vieux dans la composition des
langues, ce sont les sons désignant les intuitions
et les conceptions. Des expressions de relation
(distinction des espèces de mots, déclinaison, conjugaison), il ne s'y trouve pas encore question;
tout cela apparaît comme plus tardif : bien des
langues même n'y ont pas atteint du tout, de
même que toutes les autres n'y sont pas arrivées
également. Ainsi, dans le chinois, actuellement
encore, il n'existe aucune différence phonique
entre les diverses espèces de mots; je n'ai trouvé
que dans le système indo-germanique, parmi
toutes les langues qui me sont connues, des verbes
véritables en face des noms. Morphologiquement,
mais morphologiquement seulement, d'après les
résultats auxquels je suis arrivé, toutes les langues
sont primordialement essentiellement pareilles;
par contre, ces premiers commencements, également, doivent avoir été différents, aussi bien déjà
en ce qui a trait au son, que semblablement sous
le rapport des intuitions et conceptions reflétées
par le son, et puis en ce qui regarde la facilité de
développement. Car il est positivement impossible
de ramener toutes les langues à une seule et
même langue primordiale. Bien au contraire, à la
recherche conduite sans préjugés se manifestent

autant de langues primordiales qu'il se laisse discerner de souches linguistiques. Mais, dans le cours des temps, des langues viennent à périr, il n'en naît point de nouvelles, car cela ne pouvait arriver que dans cette période où l'homme atteignait à la condition d'homme. Dans les âges, manifestement très longs qui ont précédé la période historique, il est vraisemblable à un très haut point que d'innombrables langues ont péri, tandis que d'autres se développèrent hors de leur premier domaine, et se différencièrent en une multitude de formes. Il nous faut donc supposer un grand nombre inappréciable de langues primordiales ». Op. cit. 21. Plus loin : « La naissance des formes linguistiques, c'est-à-dire le développement des organes du langage, paraît dépendre de certaines conditions précises. Nous sommes en droit de supposer qu'en des domaines voisins, essentiellement de même sorte, des langues analogues prirent naissance indépendamment les unes des autres, et qu'en d'autres parties de la surface terrestre se développèrent des types linguistiques d'autre espèce..... Pour terminer cette esquisse, je ferai encore remarquer que la naissance et le développement du langage tombent avant l'histoire au sens propre et strict du mot. Ce que nous qualifions d'histoire ou de vie historique ne remplit encore à cette heure qu'une part minime du temps que l'homme a vécu dans sa condition d'homme. Dans l'histoire, nous ne voyons les langues que vieillies quant à leurs sons et leur forme d'après des lois précises. Les langues que nous parlons actuellement sont, ainsi que toutes les langues des peuples qui ont joué un grand rôle historique, des exemples linguistiques séniles. Toutes les langues de peuples historiques et leurs organes corporels sont depuis plus ou moins longtemps dans un état de métamorphose régressive... Peut-être donc nous est-il permis de partager la vie parcourue jusqu'ici par le genre humain en trois grandes périodes de développement, qui, naturellement, ne se succédèrent que par degrés et ne se présentèrent pas partout à la même époque. Ces périodes sont : 1° la période du développement de l'organisme corporel d'après ses traits essentiels, période qui, selon toute vraisemblance, a été d'une durée incomparablement plus longue que la suivante ; 2° la période du développement de la langue ; 3° la période de la vie historique, au commencement de laquelle nous nous trouvons encore, et dans laquelle plusieurs peuples de la terre ne paraissent pas encore être entrés.

« De même, maintenant, que nous pouvons constater que certains peuples, par exemple les races indiennes de l'Amérique du Nord, sont, par leurs langues infiniment compliquées et vraiment surabondantes de formes, impropres à la vie historique, et dès lors se trouvent vouées à la décadence et au trépas, de même aussi il est vraisemblable à un très haut degré que tous les organismes engagés dans la voie de l'atteinte à la condition humaine [zur menschwerdung], ne se sont pas développés jusqu'à la formation du langage. Une part d'entre eux s'arrêta dans le développement, et n'accéda pas à notre seconde période de développement, mais tomba au contraire en décadence, et, comme toutes les choses ainsi arrêtées, fut soumis peu à peu à la mort. Le reste de ces êtres demeurés dénués de langue, arrêtés dans leur développement et n'étant pas arrivés à l'humanité, nous apparaît dans les anthropoïdes ». Op. cit. 26.

Quiconque est familiarisé avec la doctrine transformiste ne peut manquer d'être frappé de toute l'importance de ces considérations. Elles coïncident exactement avec l'enseignement darwiniste et par la méthode employée et par les résultats obtenus. Deux ans, d'ailleurs, avant la publication de l'opuscule dont je viens de donner quelques extraits, Schleicher avait fait paraître une autre brochure intitulée : Die darwinsche theorie und die sprachwissenschaft, où le même sujet se trouvait traité, mais avec encore plus de référence, peut-être, à la théorie transformiste. Il suffit ici de l'indiquer.

La vie des langues a été un sujet que Schleicher a également traité avec une prédilection toute particulière. Ce n'est que la suite du sujet précédent : après la naissance naturelle, la vie naturelle. C'est le fait commun à tous les organismes. Les langues, que l'histoire nous montre d'ailleurs en constante évolution, en variation, en transformation perpétuelles, admettent des espèces et des variétés. Inutile de tracer ici un tableau relatif à quelque système, on trouve de ces sortes de schèmes dans une foule d'auteurs. Le difficile est parfois de fixer positivement le degré de parenté, — on a un exemple frappant de cette difficulté en ce qui concerne le grec, le latin et les idiomes celtiques, nous le verrons plus loin, — mais c'est là simplement une question d'application que l'étude plus approfondie résout toujours tôt ou tard. Quant au développement, il est à peine besoin de faire remarquer qu'il ne peut suivre qu'un cours rigoureusement conforme à l'essence même de l'organisme : il serait presque naïf de s'étendre sur ce point.

En faisant observer que c'est alors seulement

que son organisme linguistique s'est bien affirmé qu'il est possible à un peuple d'entrer dans la voie historique (Die deutsche sprache, deux. éd. 35), Schleicher ne fait que revenir sur la triple division périodique dont il avait traité déjà, et que j'ai rappelée ci-dessus : la seconde période doit précéder la troisième, qui n'est point possible sans la précédente. Et, à ce sujet, qu'il me soit permis de faire remarquer, à mon tour, que la théorie d'Auguste Comte, exposée au commencement du présent opuscule, formule absolument la même vérité, lorsqu'elle classe au cinquième rang hiérarchique, l'histoire naturelle, la biologie, au sixième la sociologie, puis l'histoire.

C'est encore un fait bien connu que la langue se gâte d'autant plus que l'histoire est plus chargée. L'anglais, par exemple, est, sous bien des rapports, un type extraordinairement curieux de déformation : la période de métamorphose régressive affectant les sons, les formes, est la même absolument que celle du développement historique, et se trouve par le fait d'autant plus violente que celle-ci est plus vivace. Nous avons de cela la preuve à l'inverse par la pureté extrême de l'islandais et surtout du lithuanien, si peu importants l'un et l'autre au point de vue historique, mais si remarquables, le lithuanien surtout (exempt d'une transformation commune à toutes les langues germaniques, à l'islandais comme aux autres, et dont il sera parlé à temps opportun), si remarquables, dis-je, par leur conservation.

Si la linguistique est une science naturelle, il faut bien se garder d'en dire autant de la philologie. Cela m'amène à un sujet sur lequel il est bon d'insister, en France du moins. En Allemagne la question est jugée depuis longtemps, et l'étrange confusion des deux mots de linguistique et de philologie n'y existe généralement plus.

En ouvrant le Dictionnaire de M. Littré au mot « linguistique », nous lisons la définition suivante : « Etude des langues considérées dans leurs principes, dans leurs rapports et en tant qu'un produit involontaire de l'instinct humain. » En somme, cette définition est juste, et s'applique fort bien au vocable défini. Si nous nous reportons, dans le même livre, au mot « philologie », nous nous trouvons en face de la triple division suivante : « 1° Sorte de savoir général qui regarde les belles-lettres, les langues, la critique, etc. 2° Particulièrement. Etude et connaissance d'une langue en tant qu'elle est l'instrument ou le moyen d'une littérature. 3° Philologie comparée, étude appliquée à plusieurs langues, que l'on éclaire par la comparaison entre les unes et les autres. » Dans cette troisième et dernière division nous trouvons formulée très explicitement l'erreur courante chez nous, et qui consiste à confondre malencontreusement les deux termes de linguistique et de philologie comparée, en attribuant le même sens à l'un et à l'autre. Un cours de grammaire comparée est chez nous un cours de philologie, celui qui s'occupe de grammaire comparée un philologue ; dans le discours, dans les écrits, les mots de linguistique et de philologie, de linguiste et de philologue, offrent leur emploi au hasard ou selon l'impression plus ou moins euphonique. J'aurais à citer une foule d'exemples tirés des auteurs les plus autorisés, ou qui du moins devraient être tels, mais le fait est assez frappant par lui-même. A la vérité, quelques personnes, admettant d'ailleurs l'équivalence des termes de philologie comparée et de linguistique, en distinguent la philologie simplement dite. M. Littré est dans ce cas. Il cite par exemple, dans son Dictionnaire, la phrase de Rollin : « On appelle philologues ceux qui ont travaillé sur les anciens auteurs pour les examiner, les corriger, les expliquer et les mettre au jour » ; puis, à la fin de l'article, M. Littré ajoute : « Aujourd'hui on donne le nom de philologues à ceux qui s'occupent de philologie comparée ». L'auteur devrait dire « à ceux qui s'occupent de linguistique », et dès lors s'élever contre cet abus, contre cette confusion très fautive. Quant à qualifier du nom de philologues les personnes adonnées à la philologie comparée, cela est excessivement juste, et tout autre nom, même, serait à repousser.

En effet, pour être « comparée », la philologie n'en demeure pas moins de la philologie. Il suffit, pour s'en bien convaincre, de donner la moindre attention à la valeur des mots employés. Cette sorte de confusion n'existe d'ailleurs pas dans d'autres cas analogues. Prenons, par exemple, la physiologie : celle-ci est, comme l'on sait, ou bien végétale ou bien animale; embrassant ces deux branches dans leurs relations, elle devient comparée. Il y a de plus la physiologie animale comparée, la physiologie végétale comparée, lorsque l'étude, dans l'une ou l'autre de ces branches, ne s'en tient pas à une espèce distincte. De même en présence de l'anatomie voici l'anatomie comparée, parfaitement définie par M. Littré : « Etude comparative de chaque partie des êtres par rapport aux modifications de leur structure dans les diverses classes d'animaux et de végétaux ». De même en ce qui concerne la grammaire, la grammaire comparée. C'est là, si l'on veut, une question de mots, mais c'est en tous cas une question fort simple.

En ce qui touche la philologie, on la dit « classique » lorsqu'elle a pour objet les textes grecs et latins (espérons, avec M. de Dumast [l'Orientalisme rendu classique], que le sanskrit aura part, lui aussi, sans trop tarder, à cette épithète!) ; on la dit « orientale » lorsqu'il s'agit de l'hébreu, de l'arabe, du turc, du persan et de quelques autres langues, parentes, d'ailleurs, ou complètement étrangères, peu importe. La linguistique, de même, est susceptible de plusieurs épithètes. C'est ainsi, par exemple, qu'on la dit « générale » ou spéciale » (Chavée, Revue de linguistique et de philol. comp. I III ; Benfey, Geschichte der sprachwiss. 786).

Dans la première partie de son livre Die deutsche sprache, auquel j'ai fait plus haut déjà quelques emprunts, Schleicher attire spéciament l'attention de ses lecteurs sur la distinction dont il s'agit. « La philologie, dit-il, est une science historique. Sa tâche consiste à saisir et à exposer la vie intellectuelle des peuples ou des groupes de peuples qui ont joué un rôle important. C'est là seulement où il y a vie intellectuelle, histoire, et surtout littérature, qu'un philologue se peut exercer. Tout d'abord elle se trouva appliquée naturellement aux deux peuples grec et romain, dont le rôle a été le plus important, au point de vue de notre développement intellectuel ; puis arrive une philologie allemande, une philologie indienne, une philologie chinoise, et ainsi de suite...... Par contre, la linguistique (1) est du domaine de l'histoire naturelle, non pas de celui de l'histoire. Son objet, ce n'est pas la vie intellectuelle des peuples, l'histoire au sens le plus large, c'est la langue seule ; ce n'est pas le libre exercice intellectuel (l'histoire), mais bien la langue, fournie par la nature, soumise à des lois fixes de formation, et dont la constitution formative échappe à l'arbitraire de chaque individu, tout aussi bien, par exemple, que la faculté de varier son chant est déniée au rossignol : c'est à dire que l'objet de la glottique est un organisme naturel. Que le peuple parlant une langue soit ou non important par son rôle intellectuel, qu'il possède une histoire, une littérature, ou bien n'ait jamais connu l'écriture, cela est totalement indifférent pour la glottique ; seulement, pour arriver à bien saisir les langues, les littératures notables lui sont un moyen de facilitation...... Ici, la langue est le but lui-même. La chose est tout autre à l'égard de la philologie ; d'une part, celle-ci tient

---

(1) Bien que l'auteur de qui ce passage est traduit repousse très formellement le mot que voilà, je l'emploie pour faciliter l'intelligence de sa pensée

la langue comme un moyen d'induction lui permettant d'arriver à connaître la vie intellectuelle, d'autre part, elle en fait également un objet d'étude, puisqu'en elle et par elle il est loisible d'arriver à cette même connaissance. Aussi, la philologie envisage d'une façon principale le côté des langues le plus intellectuel, le plus ouvert à l'initiative individuelle, la syntaxe, le style : elle a moins affaire à la partie la plus naturelle, les sons et les formes. Ces derniers n'intéressent le philologue qu'en tant que jouant le rôle de moyens de compréhension. » Plus loin : « C'est donc d'une façon toute diverse que le philologue et le glotticien saisissent la langue. Ce qui intéresse le premier c'est l'emploi, ce qui intéresse le second c'est l'organisme. Il suffit au philologue de la langue ou des langues du peuple, objet de son étude ; mais il doit en avoir une connaissance intime et s'y être pleinement accommodé ; le glotticien a besoin de connaître toutes les langues, ou du moins les formes capitales, les représentants caractéristiques des classes d'organismes linguistiques : mais aussi il lui suffit de connaître leur organisme, et, en ce qui concerne la fonction et la syntaxe, il se tournera maintes fois vers les résultats conquis par la philologie. Ainsi, les deux sciences ne sont en aucune façon hostiles l'une à l'autre, comme le paraissent penser bien des philologues, et cela par faute de connaissance ; chacune d'elles, au contraire, a besoin de la main secourable de l'autre. Le glotticien est livré à une étude naturelle, il traite les langues comme, par exemple, le botaniste traite les plantes. Le botaniste doit embrasser d'un coup d'œil tous les organismes végétaux, il doit apprendre à connaître les lois de leur structure, de leur développement; mais l'emploi des plantes, leur valeur ou leur non-valeur pratique et esthétique, cela lui est totalement indifférent : les roses les plus belles, les lis du Japon les plus précieux ne sont ni plus ni moins, à son appréciation, que la première mauvaise herbe venue. Quant au philologue, il ressemble au jardinier. Celui-ci ne cultive que telles ou telles plantes que le monde estime spécialement : ce qui lui importe avant tout, c'est la valeur pratique, la beauté de la forme, de la couleur, l'odeur, etc. Les plantes qui lui sont inutiles, il les tient sans valeur, les déteste en partie comme mauvaises herbes, qu'elles représentent ou non des formes importantes. Les lois de la structure et du développement des végétaux ne l'intéressent que pour des raisons pratiques. Il n'a pas besoin de connaître toutes les plantes, mais, par contre, celles qui lui importent il les doit connaître d'une tout autre façon que le botaniste, il doit, pour ainsi dire, s'être familiarisé jusqu'avec leurs caprices. Le philologue en doit agir de même avec la langue ou les langues des peuples importants ». Op. cit. deux. éd. 119.

Il va de soi, — et c'est ce que l'auteur dont ces lignes sont traduites ajoute immédiatement, — que la méthode des deux sciences n'est nullement la même : celle de l'une est naturelle, celle de l'autre historique, critique.

En 1862 M. Curtius a fait paraître un opuscule traitant précisément du sujet qui nous occupe et intitulé Philologie und sprachwissenschaft. L'auteur y traite particulièrement de l'importance de la linguistique pour les études philologiques et de celle de la philologie pour la linguistique. « Le domaine de celui qui s'applique à la linguistique générale est, dit-il, le côté naturel : la philologie opère, pour parler ainsi, sur le terrain du langage. Mais comme toute langue forme un tout développé, il est impossible de séparer complètement un côté de l'autre. La philologie court risque de méconnaître les commencements et les premiers fondements de la langue, le linguiste celui de ne pas faire assez de cas du développement postérieur et du perfectionnement plus délicat. Mais les questions les plus importantes se laissent résoudre par l'emploi des deux sciences; celui-là seul arrive à un plein entendement de l'histoire d'une langue, qui, partant de ces fondements, embrasse également du regard les ramifications les plus déliées et les plus spéciales de la vie linguistique. Le géographe lui aussi n'a pas seulement à déterminer les conditions naturelles sous l'empire desquelles un peuple a fixé son lieu de résidence, il doit encore montrer comment l'esprit populaire, doué d'une initiative plus ou moins heureuse, a, pour son but particulier, mis à profit ces conditions. C'est devenu une coutume chez bien des personnes adonnées à l'étude du langage de n'accorder d'admiration qu'aux formes complètes et largement développées des premières périodes linguistiques, de traiter avec une certaine mésestime celles qui sont polies davantage mais mises dans les temps subséquents à un emploi réfléchi, et de dater même déjà la décadence de la langue de l'époque où la plénitude primodiale des formes commença à baisser, cela seulement pour céder à un emploi intellectuel plus vivace. C'est envisager les choses sous un point de vue restreint que tenir la langue d'Ulphilas pour plus parfaite que le haut allemand de Gœthe. C'est là précisément la grandeur et l'attrait de l'histoire du langage que la décadence d'apparence

— 43 —

extérieure enfante une vie nouvelle, que l'intellect utilise pour son but la détérioration matérielle et ne déploie le plus librement son essor que quand l'élément constitutif phonique des vocables s'en est allé en une trame plus déliée ». Op. cit. p. 20.

Dans son volume intitulé Geschichte der spachwissenschaft und oriental. philol. in Deutschland, M. Benfey consacre aux rapports réciproques de la linguistique et de la philologie quelques pages de l'introduction. P. 6 s.

Parmi les autres auteurs considérables qui se sont formellement expliqués sur l'importance de cette distinction, l'on peut citer M. Spiegel (Die traditionelle literatur der Parsen 48; Revue de linguistique et de philol. comparée III 115), M. Kuhn (Beiträge zur vergleichenden sprachforschung III 234), en France M. Chavée (Revue de linguistique et de philologie comparée I avant-propos et 433, II 481, III 211; Bullet. de la soc. d'anthropol. de Paris III 198).

Les considérations diverses qui viennent d'être exposées ne forment en quelque sorte qu'un préambule aux instructions dont nous avons à nous occuper. En tous cas ce préambule, s'il est bien entendu, offre déjà par lui-même un enseignement ondamental, à savoir celui de la méthode. Et là, hors de tout conteste, est le point important. La méthode, et la méthode seule, sépare l'astrologue et l'alchimiste de l'astronome et du chimiste. Sans la méthode, sur le domaine des langues, nous nous trouvons forcément ramenés à l'ancienne étymologie, et aux explications grammaticales purement mécaniques. C'est d'ailleurs un cas bien fréquent que de rencontrer encore à l'heure actuelle nombre de lettrés, et des plus distingués, raisonnant des langues, de leur formation, de leur constitution et de leurs variations, comme si Bopp n'avait jamais existé. C'est là un malheureux privilége que possèdent les langues, mais c'est un privilége qu'elles possèdent incontestablement, d'attirer sur elles d'une façon toute particulière, et cela comme par une sorte de prédilection, les théories des personnes les moins autorisées. On ne parle guère physique ou chimie sans avoir étudié la physique ou la chimie; on s'abstient moins déjà de trancher selon les fantaisies du moment des questions naturelles telles que celles de l'hétérogénie, du polygénisme, de la mutabilité des espèces ; mais l'on devient tout à fait concluant sur le terrain linguistique. Quant à s'inquiéter du devenir naturel, quant à se procurer une simple notion de la morphologie comparée, même de la phonétique la plus élémentaire, à quoi bon cela ? C'est de plus haut que l'on prend les choses, et de quel ton ! Cette forfanterie ridicule, cette bouffonne arrogance, ne font en définitive qu'exciter la risée des travailleurs ; maintes fois pourtant cela passe toutes les bornes admissibles. J'aurais bien des exemples à citer du degré d'ignorance, on peut presque dire incroyable, où se trouvent encore des gens qui par leur position même devraient être munis au moins des données les plus fondamentales. Ainsi, savez-vous quelle idée possède et inculque concernant la parenté du grec et du latin l'un de nos Quarante, et des plus en scène ? Voici :

« Je ne puis oublier ici un des mérites, un des
« principaux titres de gloire de la langue grecque :
« c'est qu'elle a été la mère de la langue latine,
« et, par elle, et avec elle, la mère et l'inspira-
« trice des plus belles langues modernes de l'Eu-
« rope. Le latin, en effet, n'est qu'une dérivation
« des dialectes dorien et éolien ». Ajoutez que ces lignes, si dogmatiquement et décidément présentées, sont extraites d'un ouvrage affublé

du titre « De la haute éducation intellectuelle » tome I page 187, et que leur auteur, si je ne me trompe, est celui qui a combattu avec un à-propos et une tempérance de langage peu vulgaires la candidature académique de M. Littré.

Si maintenant, abandonnant comme elles doivent l'être toutes ces fantaisies, ce charlatanisme, cette métaphysique, nous en revenons aux choses scientifiques, le premier point qui nous doive occuper c'est la pénétration profonde et bien intime du fait, que, si Bopp a été le fondateur de la linguistique indo-européenne, son œuvre, d'autre part, a été singulièrement développée. Les bases qu'il a posées étaient certaines et d'une solidité toute parfaite : lui-même, sur ces bases, a commencé magistralement une bonne part de l'édifice, — mais cet édifice l'a-t-il couronné de ses mains ? On peut, sans rien ôter à la gloire de ce grand homme, affirmer hardiment que non. Puis, après tout, comment serait-il donné à un seul de parfaire une œuvre aussi considérable, et les forces humaines n'ont-elles pas leurs limites nécessaires ? L'important pour Bopp c'est que l'avenir (et lui-même en fut le témoin), c'est que l'avenir n'a fait que constater chaque jour davantage le naturalisme, on peut dire merveilleux, des assises qu'il avait fondées, et le développement de son œuvre, bien que conduit par d'autres mains que les siennes, n'est en réalité que le plus éclatant des témoignages en sa faveur.

Deux hommes ont conclu. Ce furent, l'un en France, M. Chavée, l'autre en Allemagne, Schleicher.

Loin de moi, bien loin certes, la pensée de prétendre les opposer à Bopp sous le rapport de la méthode! C'est là, au contraire, une idée que j'ai très explicitement combattue (Revue de linguistique et de philol. comp. II 261), ce en quoi malheureusement je sais n'avoir pas été parfaitement compris. Tous les deux, en effet, procèdent le plus légitimement, le plus directement, et je dirai même le plus forcément possible, du père de notre discipline. Leur originalité, leur mérite, mais il est immense, c'est d'avoir compris à une heure donnée que l'ensemble des faits en était arrivé à la clef de voûte, et que si bien des détails, même fort importants, se trouvaient encore à compléter, la structure entière était du moins atteinte. Le jour avait paru où l'organisme général indo-européen se trouvait restitué : il fallait proclamer que la conception de cet organisme avait à dominer désormais tout l'enseignement. Ils le proclamèrent.

Voilà de ces faits qu'il est bon de ne pas abandonner dans l'ombre. La chose paraît à cette heure si simple, si claire, si naturelle, qu'elle peut presque passer pour un lieu commun ; mais ce serait une criante et révoltante injustice que de laisser dans l'oubli, sous prétexte que ce fait est par trop évident, ceux qui les premiers et simultanément ont affirmé la chose. Toutes les découvertes dans le champ de la nature ne sont-elles pas élémentaires et... naturelles ?

Il faut bien le dire, puisqu'il en est malheureusement ainsi, l'envie, et la mauvaise foi à sa suite, ont bassement rampé autour de ces deux hommes et au pied de leur œuvre. Mais que peuvent de vils sentiments personnels contre la nécessité scientifique sereine et impartiale ? Les prétendus défenseurs de Bopp, font en réalité profession bien maladroite d'un si grand respect pour lui, d'un amour si extraordinairement démonstratif : ils l'étoufferaient dans leurs bras protecteurs si la vérité des choses n'éclatait par sa force propre aux yeux désintéressés. Je le répète, cet antagonisme que l'on a voulu établir au point de vue méthodique entre Bopp et ceux que je défends ici (par eux-mêmes ne se défendent-ils pas assez?), cet antagonisme, dis-je, existe absolument et uniquement dans l'esprit seul de ceux qui l'affirment. L'œuvre inductivement commencée ne pouvait qu'aboutir à son complément ; les choses naturelles ont leur cours forcé, elles le suivent nécessairement, inéluctablement, en dehors des bonnes volontés et des mauvais vouloirs : plaignons qui les ose nier et plus encore qui les pense enrayer !

Ce doit donc être un fait bien entendu qu'il ne convient en aucune façon de mettre entre les mains du linguiste commençant la Grammaire comparée de Bopp : sans aucun doute il s'y perdrait. C'est alors seulement que l'étudiant se sera élevé à un ensemble de connaissances générales bien claires et bien précises, basées sur la restitution de l'organisme primordial indo-européen, c'est alors seulement, dis-je, qu'il pourra, qu'il devra même, apprendre à manier l'ouvrage dont il s'agit : c'est même alors seulement qu'il en pourra apprécier la valeur. L'ouvrage élémentaire de M. Baudry : Grammaire comparée des langues classiques, première partie : phonétique (1868) constitue un manuel fort utile. Il ne traite guères que des faits importants — affaiblissements, allongements, rencontres des voyelles, classification et permutations des consonnes, — spécialement en sanskrit, en grec et en latin. Nombre de phénomènes particuliers sont laissés à l'écart, mais cela a été évidemment voulu par l'auteur et ne rentrait pas dans son plan. Le livre serait parfait de tous points si, d'une part, il ne s'en fiait pas tant en ce qui concerne les consonnes germaniques à la théorie de Grimm (§ 126; voyez d'ailleurs ci-dessous p. 109), et surtout si, d'autre part, il se basait davantage encore qu'il ne le fait sur le type commun restitué indo-européen. Au demeurant le volume est fort pratique comme œuvre d'initiation et précieux comme « memento ». Il faut regretter les retards apportés à la publication de la partie morphologique.

Quant à l'indispensable premier ouvrage, c'est l'œuvre synthétique de Schleicher : **Compendium der vergleichenden grammatik der indogermanischen sprachen**. Il y a trois éditions allemandes (la dernière posthume), mais la seconde peut servir tout comme la troisième si l'on possède le volume chrestomathique (1) qui contient dans ses dernières pages les notes complémentaires insérées dans le corps de la dernière édition.

Dans l'édition de 1861, la première, Schleicher commençait sa préface par les mots : « Ce livre doit être un fil conducteur pour les leçons pu-

---

(1) **Indo-germ. chrestomathie**. Schriftproben und lesestücke mit erklærenden glossar, bearbeitet von H. Ebel. A. Leskien, Joh. Schmidt und August Schleicher. 1869.

bliques et l'enseignement particulier. » C'est ce qu'il se montre en effet : la polémique en est écartée autant que faire se peut et les matières sont présentées de façon à offrir leur justification par elles-mêmes. Là était l'essentiel, et la direction méthodique a pu résoudre cette difficulté non minime.

Une courte introduction précède le volume ; l'auteur y passe rapidement en revue quelques considérations sur les diverses classes de langues (isolantes, agglutinantes, flectives), sur la vie linguistique (le développement, ou période préhistorique, et la décadence, ou période historique), sur les souches, familles et branches linguistiques ; il expose ensuite le tableau de la souche aryenne et de ses divisions, ce à quoi nous reviendrons plus loin. Arrive l'étude de la phonologie.

Voici un point dont il importe bien de se pénétrer : la phonologie n'est jamais examinée de trop près. Je n'entends pas par là qu'il ne faille passer à une autre étude qu'après avoir épuisé tout travail sur les phénomènes les plus spéciaux à telle ou telle branche, mais l'important, le très grave, est de bien comprendre que sans la plus grande rigueur dans l'étude phonétique, toute considération subséquente est inutile et risque avant tout d'être sans valeur. La phonologie de Schleicher commence naturellement et méthodiquement par l'exposition des sons et articulations (voyelles et consonnes) du parler indo-européen commun (1). L'examen du passage des voyelles et des consonnes organiques sur le terrain des différentes divisions indo-européennes vient ensuite, à savoir : en sanskrit, en zend, en grec, en latin, en ombrien, en osque, en vieil irlandais, en esclavon liturgique, en lithuanien, enfin en gotique (je reviendrai plus loin sur cette légitime orthographe de Got, gotique). Cette première partie réclame les deux cinquièmes de tout l'ouvrage ; et cela se conçoit facilement : étant traitée d'une façon complète elle se prête aux références continues que lui adressent les autres parties soulagées d'autant. Un tableau terminal place sous les yeux la correspondance régulière entre elles et avec la forme commune des consonnes des diverses branches. Ce tableau, on le conçoit, ne rend que les équations pures et laisse en dehors les lois euphoniques secondaires et les variations qu'elles nécessitent. Si par exemple je vois le *p* latin provenir d'un P or-

(1) La voyelle linguale *r* (figurée dans les transcriptions habituelles par un *r* affecté d'un point souscrit) est exclue par Schleicher du tableau commun et attribuée au seul sanskrit postérieur. C'est là l'opinion commune. Je ne puis la partager pour plusieurs motifs. Consultez à ce sujet mon opuscule intitulé : Racines et éléments simples dans le système linguistique indo-européen page 6, et Chavée, Revue de Linguist. et de philol. comp. I 470.

ganique, et répondre dès lors à un *p* lithuanien, esclavon, grec, à *p* ou *ph* sanskrit, il se peut d'autre part qu'une rencontre secondaire force ce *p* à passer en une autre articulation : voilà ce qui arrive dans *somnus* (comparez le *p* de *sopor*, *sopio*). Plus loin, lorsqu'il sera question des moyens d'étude de chacun des idiomes indo-européens pris en particulier, j'indiquerai les sources où l'on peut et doit puiser pour compléter sous ce rapport le Compendium.

La partie morphologique est plus écourtée. Selon moi, M. Chavée a seul donné la théorie naturelle de la dérivation : Je reviendrai tout-à-l'heure sur ce point. Quant aux vues émises par Schleicher concernant les racines je ne les partage pas davantage. Je me suis étendu spécialement sur ce sujet dans l'opuscule dont le titre est indiqué dans la dernière note. Ce n'est pas ici le lieu d'y revenir (1).

(1) Je pense avec M. Chavée que les racines à déterminatifs (comme les appelle M. Curtius dans sa Chronologie), par exemple en sanskrit *duh*, traire, *han*, frapper, tuer, *vid*, savoir (*dôh-mi, han-mi, vêd-mi*) ne sont que des éléments simples verbaux dérivés par d'autres éléments (ordinairement pronominaux) tronqués. Voyez d'ailleurs mon mémoire. M. Ascoli, dans ses Studj ario-semitici, a tenté également la recherche des monosyllabes primordiaux ; si nombre de ses inductions ne me semblent ni justi-

En ce qui concerne la déclinaison et la conjugaison le cadre est parfait de tous points. Ici naturellement, comme dans la partie phonétique, c'est de la forme restituée que part l'enseignement. Une série de tableaux placés à la fin du volume facilitent d'autant mieux l'intelligence des évolutions diverses.

Il est facile de constater que la systématisation si merveilleusement mise en œuvre par Schleicher dans son Compendium avait été affirmée et pratiquée par M. Chavée dans la Lexiologie indo-européenne. Dans son introduction, écrite en 1848, M. Chavée disait en parlant des langues aryennes : « Ces langues, en effet, ne sont pour le linguiste que des variétés d'une langue unique et primordiale parlée jadis au centre de l'Asie. Pénétré de cette vérité, nous avons entrepris de reconstituer organiquement les mots de cette langue primitive en rétablissant partout le type original à l'aide de ses variétés les mieux conservées ». Voilà me semble-t-il, qui est assez clair et suffisamment concluant.

L'auteur de la Lexiologie se proposait d'autre part, et simultanément, un autre but, celui

flées, ni justifiables, d'autre, par contre, sont à mes yeux très concluantes. — Voyez encore Kraushaar, De radicum quarundam indo-german. variatione (1869).

de fonder une idéologie positive des langues indo-européennes. Vingt ans plus tard il développa cet ordre d'idées d'une façon toute spéciale et avec une sorte de prédilection bien permise au père d'une conception semblable ; mais sur ce dernier sujet il n'y a pas lieu d'insister ici d'une façon spéciale. Je ne viendrai d'ailleurs pas affirmer que toutes les restitutions proposées par la Lexiologie soient toujours infailliblement exactes, que toutes les comparaisons, que tous les rapprochements aient leur justification. Sous ce rapport aussi il est grandement désirable qu'une nouvelle édition ne tarde pas à paraître ; je l'ai souvent demandée pour mon compte et la demanderai souvent encore. Ici déjà.

En 1857 le même auteur a publié un petit volume qui sous un titre spécial, Français et Wallon, et malgré son format minime, présente un vrai trésor d'enseignement méthodique. J'ai toujours été saisi du parallèle frappant que l'on peut établir entre cet opuscule et le Die deutsche sprache de Schleicher dont il a été question plus haut. Dans l'un et l'autre c'est à propos d'un idiome particulier que se trouvent soulevées les plus graves questions de méthode et qu'elles se trouvent résolues par l'application même. Voilà deux livres à mettre forcément entre les mains du linguiste commençant.

J'ai fait allusion ci-dessus à la belle théorie de la dérivation formulée par M. Chavée. On la retrouvera dans son idée fondamentale à la première partie de la Lexiologie, mais il faut la chercher bien plus claire, bien plus sûre d'elle-même dans Français et Wallon p. 131, et surtout dans la Revue de linguistique et de philologie comp. notamment au tome I p. 25. Dans ce dernier recueil je suis revenu à plusieurs reprises sur cette importante et fondamentale considération, ainsi que dans ma Grammaire de la langue zende p. 31. La base de toute l'intelligence de ce sujet gît dans l'idée que l'on se fait tout d'abord des deux sortes d'éléments simples les uns verbaux, les autres pronominaux, les premiers indiquant l'action, les seconds montrant l'être individuel (Chavée, Français et Wallon 130). De leur union va naître un préparat soit actif, soit passif (qui demeurera entier ou bien se mutilera) mais qui ne sera pas encore un mot au sens réel : c'est le thème que je veux dire. Adviennent s'accéder à ce thème, à ce préparat du mot, soit un élément casuel, soit un élément personnel, et alors le mot est vraiment né : il est ou bien nom ou bien verbe, c. à d. ou bien forme déclinée ou bien forme conjuguée. Il n'y a donc en aucune façon à admettre, avec M. Ascoli, que le nom ait précédé le verbe dans le développement de notre système linguistique, ou bien, au contraire, avec M. Benfey (et grâce à quels tourments de la phonétique!) que le verbe ait précédé le nom. L'un et l'autre sont frères, et frères jumeaux : un thème, quelqu'il soit, est indifférent par lui-même, et c'est selon qu'il se trouve affecté d'une désinence casuelle ou d'une désinence personnelle, c. à d. qu'il est soumis ou bien à la déclinaison, ou bien à la conjugaison, qu'il devient nom ou verbe. C'est ainsi, par exemple, que, sur le terrrain hindou, le thème BHAVA-, conglomérat à idée générale, se précise simultanément en *bhava-ti*, il est, et *bhava-s*, existence : dans le premier cas il accueille la désinence de la troisième personne du singulier, dans le second celle du nominatif singulier masculin. Dans le même rapport, toujours en sanskrit, se trouve *bhara-ti*, il porte, et *bhara-s*, portant, qui porte, en face du thème BHARA- renfermant, lui, la notion générale. Inutile d'entrer en de plus longs développements dont la place d'ailleurs ne serait pas ici.

Bien que muni d'un titre encore spécial dans son apparence, l'ouvrage de M. Curtius intitulé Grundzüge der griechischen etymologie (trois. éd. 1869), doit également être indiqué comme un livre d'enseignement général.

Le souci constant de l'auteur est en effet la référence perpétuelle au type organique : c'est ainsi que la partie introductive une fois terminée nous nous trouvons, avant toute considération subséquente, en présence d'un tableau analogue à ceux que Schleicher établissait pour sa phonétique. Je reviendrai sur cet ouvrage considérable lorsque j'aurai à indiquer plus particulièrement les auteurs à suivre pour l'étude de la branche hellénique, mais qu'il soit bien entendu déjà que le volume de M. Curtius est surtout et avant tout parfaitement général.

Je suis loin, par contre, très loin, de recommander aux commençants les Etymologische forschungen de M. Pott. La méthode s'en trouve totalement absente, et le livre ne peut guères être employé qu'avec une extrême critique ; je ne pense pas que M. Joh. Schmidt se soit montré trop sévère à son égard dans le compte-rendu important qu'il en a publié. Beitræge z. vergleich. sprachforsch. de M. Kuhn V 460.

Il y a grand profit à tirer de l'ouvrage de M. Aug. Fick : Vergleichendes wœrterbuch der indogermanischen sprachen, 1870. La première partie (p. 1 à 220) contient une restitution des vocables organiques, un dictionnaire de l'indo-européen primitif ; c'était la matière unique de l'édition précédente ; il est certain qu'elle a été améliorée, mais non moins certain également qu'elle pourra l'être davantage encore. De là, nécessité de n'y recourir qu'avec une certaine critique. Quant à la conception de l'œuvre elle est à louer foncièrement. M. Fick fait suivre ce glossaire commun d'un certain nombre de lexiques spéciaux à l'indo-éranisme, au slavo-germanisme, etc.: cela n'est assurément pas sans intérêt, mais peut-on dire que ces restitutions intermédiaires représentent d'effectives réalités? Il est permis d'en douter, et plus même que d'en douter en ce qui concerne notamment le gréco-italicisme.

Tandis que je m'en trouve à ces conditions générales j'appellerai particulièrement l'attention du lecteur sur la nécessité d'une transcription bien fermement fixée. Il est certain que l'on ne peut attendre de tous les auteurs le même mode transcriptif ; cela est assurément fort regrettable mais enfin il en faut passer par là. Au moins que chacun dans un seul et même ouvrage consente à s'en tenir à un seul et même système ; cela est d'une nécessité évidente, surtout pour les études du commençant. Les Allemands ont l'habitude de désigner par un *j* (selon l'usage de leur graphique) la semi-voyelle palatale que nous rendons par un *y*. Quelques auteurs français ont adopté ce système : il est regrettable au plus haut point. Jamais nous ne nous ferons, ni les Anglais, ni les Italiens, ni bien d'autres encore pas davantage, à lire *y* là où nous verrons figuré *j*. Cela nous choque trop profondément ; à tort ou à raison peu importe. Tout au plus pouvons-nous accepter *j* comme signe de l'articulation *dj;* mais pour cette dernière on s'en tire d'une autre façon. Les consonnes linguales du sanskrit (on les qualifie parfois faussement d'emphatiques, de cérébrales, de cérébro-dentales sont rendues, dans l'usage, par les dentales ordinaires (*t*, *th*, *d*, *dh*, *n*) munies d'un point souscrit; cela est fort bien, mais encore faut-il être logique et représenter la sifflante du même ordre par la sifflante ordinaire accompagnée du même signe. Mais c'est là un sujet sur lequel j'aurai à revenir en m'occupant spécialement du sanskrit.

Un second soin, toujours dans ce même ordre d'idées générales, est celui de la désignation des thèmes. En grec, en latin on se sert, dans les citations de noms, du nominatif singulier; en sanskrit, en zend, au contraire, c'est par le thème qu'on indique pour l'ordinaire les noms. Ce dernier procédé mérite la plus entière approbation, mais au moins faut-il faire attention à s'y tenir d'une manière bien fixe, quand on l'adopte. La confusion peut être très aisée et offre de grands inconvénients. Ainsi un auteur peut nous parler dans la même page des mots sanskrits *vâsa*, *vâsas*, vêtement, sans que nous sachions si le second est le nominatif singulier du premier, lequel est en effet masculin, ou si au contraire c'est le thème neutre ayant le même sens. Même inquiétude, pour *çrava* et *çravas*, oreille, pour *nabha* et *nabhas*, espace céleste. La seule façon de se tirer d'affaire c'est d'accompagner toujours et sans exception la forme thématique d'un tiret : *nabha-*, *çravas-*. Pour plus de précision l'annexion d'une des lettres m. f. n. indique que l'on se trouve en présence d'un nom ou masculin, ou féminin ou neutre : *nabha-*, m., *çravas-*, n., et ainsi de suite. Cela est fort important, bien plus qu'on ne le peut penser au premier coup d'œil, et l'expérience se charge bien vite de le démontrer.

Une grande facilitation pour le lecteur, — et sous ce rapport il n'y a rien à négliger, — consiste encore à savoir employer judicieusement les diverses espèces de caractères typographiques. Le plus simple, d'après moi, est de réserver les italiques uniquement, exclusivement, aux vocables cités des divers idiomes. Les capitales se trouveraient données aux restitutions organiques, aux mots de la langue commune indo-européenne. Tout le reste serait en romain, même les indications d'ouvrages; pour ces derniers, afin de les faire mieux ressortir, on peut d'ailleurs séparer les caractères romains les uns des autres par un intervalle. Mais cela me semble peu utile. D'autre part dans l'emploi des capitales on peut de plus consacrer dans un seul et même mot les grandes capitales à l'élément simple fondamental, les petites aux éléments dérivatifs et aux désinences, ou même rendre alors ces dernières par de l'italique simple. Enfin il est utile de signaler par la préfixation d'un astérisque les formes intermédiaires restituées entre le type organique et les vocables réellement existants. Voici, par exemple, une phrase dans laquelle j'amène l'application de ces recommandations diverses : « La forme organique BHARAnti est devenue en latin * *feronti, ferunt.* Cf. Schleicher C o m p e n d. § 151 ». Rien ne doit être épargné dans cet ordre d'idées de facilitation et d'éclaircissement, et je crois que les moyens ci-dessus proposés, frappant vivement les yeux, sont par là-même d'un puissant effet.

Si au milieu des données générales, je n'ai encore rien dit concernant le côté syntactique de notre parler, c'est que la syntaxe comparée n'a pas encore jusqu'à ce jour été formulée. Elle le sera, à n'en pas douter, et nombre de monographies ont déjà éclairé plus ou moins la question. Ainsi M. Schweizer-Sidler a publié de savantes recherches sur cette matière dans la Zeitschrift für die wissenschaft der sprache de M. Hœfer, II 444, III 348. Nous avons de M. Berthold Delbrück un travail du premier mérite intitulé Ablativ, localis, instrumentalis im altindischen, latein., griech., deutschen (1867). De M. Autenrieth un opuscule portant le nom de Terminus in quem, syntaxis comparativae particula (1868). De MM. B. Delbrück et E. Windisch, Syntaktische forschungen, t. I (1871). — Dans les Beitr. de M. Kuhn voyez sur la syntaxe comparée W. Stokes, III 159, II 394.

Il y aurait d'autres auteurs, d'autres travaux à citer (voyez par ex. Ad. Regnier, Etude sur l'idiome des Védas, introd. XV), mais il serait sans utilité de s'arrêter ici davantage. Nous ne pouvons que souhaiter le développement le plus prompt possible de cette partie de la science du langage. La part faite de la croissance particulière, des phénomènes propres à chaque branche individuelle, on arrivera sans nul doute à restituer un fonds commun plus ou moins riche. C'est absolument ce qui se passe sur le terrain de la mythologie comparée fondée réellement à cette heure, grâce en grande partie aux savants et perspicaces travaux de M. Kuhn. Consultez à ce sujet Girard de Rialle, Revue de linguist. et de philol. comp. II 285, 428.

Les Allemands prennent coutume de désigner le type commun restitué de nos idiomes, du nom de « indogermanische ursprache ». Si, bien évidemment, le nom d' « indo-européen » est tout-à-fait vicieux, disant plus et moins qu'il ne veut dire (puisque d'une part il laisse à l'écart en Asie le groupe des langues éraniennes, et, d'autre part, embrasse en Europe bien des éléments étrangers, le basque par exemple et le magyare), le nom d' « indo-germanique » est fautif à un plus haut degré encore : on comprendrait mieux « indo-celtique », embrassant les deux extrêmes de la famille. Dans le manque d'un meilleur terme il est sage de s'en tenir au plus usité, peut-être au moins défectueux, à savoir celui d'indo-européen. Ce qu'il y a de bizarre c'est de voir les savants allemands ne vouloir pas démordre de l'expression « indo-germanique » et repousser d'ailleurs très-formellement les mots « Germanie, germain, germanique », sous prétexte que leur origine et leur véritable portée ne sont pas connues, ce qui est d'ailleurs exact. (Voyez au surplus K. L. Roth dans la Germania de Pfeiffer I 156; Holtzmann, ibid. IX 1, X 113; Mahn, Ueber den ursprung und die bedeutung des namens Germanens; Pott, article Indogerm. sprachstamm 94, dans l'Encyclop. Ersch et Gruber; Benfey, Geschichte der sprachwiss. und orient. philol. in Deutschland 462; Grimm, Geschichte der deutschen sprache; Schleicher, Die deutsche sprache 87).

La dénomination de « langues aryennes » (et non « âryennes ») n'est d'ailleurs pas à rejeter bien que les bases sur lesquelles on l'appuie ne soient que vraisemblables. Consultez Spiegel dans les Beitræge zur vergleich. sprachforsch. de M. Kuhn I 129. Pour le type commun lui-même M. Oppert a proposé le mot « aryaque » (et non « ariaque »).

Je ne voudrais pas entrer ici dans la question du classement des divers idiomes indo-européens. Il y a encore sur ce sujet de fortes difficultés concernant le degré plus ou moins étroit de parenté entre le latin et le grec d'une part, le latin et les langues celtiques de l'autre. L'opinion d'une intimité plus étroite entre le grec et le latin, défendue avec talent par M. Curtius ne résiste guère, à mon sens du moins, aux considérations émises par MM. Ebel, Lottner, Cuno, et par Schleicher (Beitræge, passim) et concluant à un lien plus resserré entre les langues celtiques et italiotes. Voyez également Schleicher dans le Rheinisches museum für philologie (Welcker et Ritschl), nouv. série XIV 342. Le jour définitif se fera évidemment sur cette question, et sans doute dans un temps peu éloigné. Qu'il suffise ici de l'avoir indiquée.

Nous avons maintenant, quittant les considérations et recommandations générales, à nous tourner vers les différentes branches particulières. J'indiquerai dans les pages qui vont suivre les auteurs qui me semblent devoir être consultés de préférence, en relevant toujours soit leur côté faible, soit leurs avantages.

La part spéciale que dans son Compendium Schleicher réserva au sanskrit est, comme cela va de soi, assez considérable. Elle est recommandable surtout en ce qui regarde les consonnes (§ 122) et il ne serait peut-être pas sans utilité de commencer précisément par là.

D'ailleurs deux grammaires particulières me semblent devoir être indiquées sur le même pied au commençant. L'une est la Grammaire sanscrite (deux. éd. 1864) de M. Oppert. Elle est d'une grande clarté d'exposition et suffisamment abrégée. Il y aurait danger sans doute à vouloir la restreindre encore. L'auteur, me semble-t-il, a même beaucoup trop écourté tout ce qui touche les lois de variation euphonique et je crains que sur ce sujet le commençant soit loin de trouver dans la grammaire en question une très-minime satisfaction à ses demandes. Il en va différemment en ce qui concerne la déclinaison et la conjugaison ; leur exposition est nettement menée et d'une façon lucide. En somme livre parfaitement recommandable, et je dirai même nécessaire. Les mots sanskrits s'y trouvent cités sous la double forme de leur écriture propre et de leur transcription, procédé excessivement utile.

Le second ouvrage à mettre entre les mains du commençant c'est la Kritische grammatik der sanskrita-sprache (quatr. édit. 1868) de Bopp. Les matières y sont traitées d'une façon plus complète que dans le volume précédent, mais sous une forme très-facilement saisissable. Les lois euphoniques, chapitre très important, y sont exposées d'une façon précise bien qu'assez concise : il importe avant tout de se les assimiler très sérieusement.

Je placerai sur un second rang la Kurze

sanskrit-grammatik de M. Benfey, non qu'elle ne soit estimable à un haut degré, mais parce que son intelligence est bien plus difficile pour le commençant. Les caractères hindous n'y sont pas accompagnés de leur transcription, premier inconvénient, puis l'exposition est par trop souvent garnie de propositions critiques propres à l'auteur et dont une bonne part ne s'impose certainement pas irrésistiblement. Voilà qui doit être écarté des premières études. L'inconvénient est plus sensible encore dans la Vollstændige sanskrit-grammatik du même auteur (1852). Aussi ces deux ouvrages, si recommandables d'ailleurs par les recherches scientifiques dont ils se trouvent ornés et munis ne me paraissent-ils devoir être employés, le dernier surtout, que dans la seconde période des études.

Toujours au second plan, mais pour de tout autres motifs, je mettrai la Méthode pour étudier la langue sanscrite (deux. éd. 1861) de MM. Emile Burnouf et Leupol. Il serait au moins pénible, à mon sens, de vouloir aborder l'étude du sanskrit directement avec ce livre. Tout d'abord son peu d'étendue lui rend impossible non-seulement des développements nécessaires, mais malheureusement encore lui interdit une exposition complète des faits, bien que succincte. Les variations euphoniques ne se trouvent ni clairement ni suffisamment formulées. La conjugaison est difficilement saisissable vu le peu d'espace qui lui est accordé. D'autre part les auteurs ont été guidés par une très fâcheuse pensée dans toute la conception de leur œuvre : celle de se rapprocher autant que possible des méthodes classiques grecque et latine de J. L. Burnouf. Ce serait tout au contraire ces deux dernières qu'il conviendrait (et ce ne serait pas une faible tâche) de mettre au courant de la science actuelle. Il est heureux pour MM. Em. Burnouf et Leupol qu'ils n'aient pu dans le cours de leur ouvrage réaliser totalement la promesse de leur préface, à savoir une sorte de calque (ce sont leurs expressions) des Méthodes de J. L. Burnouf. Cela ne leur a pourtant que trop réussi dans certaines parties de la conjugaison, notamment en ce qui concerne les aoristes. La véritable valeur du livre dont il s'agit est, à mes yeux, celle d'un « memento ». Sous ce rapport, et mis entre les mains d'un étudiant capable de critique personnelle, il me paraît devoir être indiqué.

Le nombre des grammaires sanskrites auxquelles on peut avoir recours avec plus ou moins de bénéfice est d'ailleurs assez étendu. Entre autres, je citerai celle d'Ant. Boller : A u s f ü h r l i c h e sanskrit-grammatik. Mais les indications ci-dessus données doivent suffire amplement pour les premiers pas.

D'autre part, en ce qui concerne les vocabulaires, je dois désigner tout d'abord et d'une façon spéciale le Dictionnaire classique sanscrit-français de MM. Emile Burnouf et Leupol. Qu'il soit sans imperfection aucune cela n'est pas admissible : l'usage m'en a révélé plusieurs, mais ces taches sont sans gravité notable et se trouvent, sinon effacées, du moins très largement rachetées par la grande commodité de l'ouvrage. Je crois devoir le recommander d'une façon spéciale (1).

Le dictionnaire de M. Benfey, A sanskrit-english dictionary (1866) est d'une grande valeur, mais non complètement indispensable pour quiconque possède le précédent et n'a pas besoin d'un travail tout-à-fait complet.

Dans ce dernier cas c'est au Sanskrit-Wœrterbuch (1852 ss.) de MM. Bœhtlingk et Roth qu'il faut recourir. Connue ordinairement sous le nom de « Dictionnaire de Pétersbourg » cette

---

(1) Se méfier en tous cas et très rigoureusement des rapprochements qui s'y trouvent indiqués parfois avec les autres idiomes indo-européens. Une immense part en est ou très douteuse ou décidément malheureuse.

œuvre colossale, et qui marque bien, ainsi qu'on l'a dit, une nouvelle étape dans l'indianisme, n'est pas encore totalement terminée mais cela ne saurait maintenant tarder beaucoup. Il est difficile, lorsque l'on n'en a pas une page sous les yeux, de se rendre un compte exact de sa plénitude et de la richesse d'exemples qu'il cite. Il importe d'ailleurs de tenir compte très scrupuleusement des « addenda » nombreux. (Les pages 940 à 1678 du tome V contiennent, par exemple, les adjonctions à introduire de *a* à *m*). Un conseil que je crois pratique, me basant en cela sur mon expérience propre, c'est de faire relier les livraisons en les interfoliant de papier blanc : sur ce dernier on reportera, au lieu voulu, les indications correctives et supplétives ; le travail en est long, méticuleux et peu attrayant, mais éminemment profitable.

Quant au lexique de Bopp il est par trop incomplet pour être d'une utilité réelle : G l o s s a r i u m c o m p a r a t i v u m l i n g u a e s a n s c r i t a e (trois. éd. 1867).

Il est important de choisir d'ailleurs, pour en mener l'étude concurremment avec celle de la grammaire, des textes plus ou moins difficiles.

Le plus profitable pour les commençants est sans doute le Nalus de Bopp (trois. éd. 1868), épisode du Mahâbhârata. L'histoire racontée dans ces dix-neuf cents ou deux mille vers est d'un charme exquis, ce qui ne nuit en aucune façon. Quant à l'entendement du texte il est extrêmement facile, et la version latine très rigoureuse qui l'accompagne prévient toute confusion.

Il y a fort avantage à s'essayer ainsi tout d'abord avec le secours d'une traduction en latin. L'on se familiarise par là avec les difficultés de différentes sortes (les formes grammaticales, la syntaxe, ajoutez le sens lui-même), sans que l'esprit se trouve trop exclusivement préoccupé par l'une d'elles. Le latin d'autre part est propre, plus que tout autre idiome à rendre bien précisément les textes sanskrits et je pense qu'on le doit autant que possible employer à cet usage à l'exclusion de tout autre langue. Cette opinion a été émise et bien défendue par Schlegel dans la préface de son édition de la Bhagavad-gîtâ.

Une fois familiarisé avec les premières difficultés l'étudiant pourra passer aux lois de Manou. Le texte accompagné de notes et d'une traduction française en a été publié par Loiseleur Deslongchamps (1830-33). Les difficultés sont plus sérieuses ici sans toutefois être encore bien graves.

J'en dirai tout autant du Yâjnavalkya's gesetzbuch, édité, avec traduction allemande, par M. Stenzler.

L'on peut passer de là à divers épisodes du Râmâyana, choisis dans la belle édition, avec traduction italienne, de M. Gorresio : Râmâyana, poema sanscrito di Valmici; 10 vol.

Les Indische sprüche publiés par M. O. Bœhtlingk (1863 ss.) fournissent un très riche domaine, surtout pour l'enseignement public. La version est en allemand.

Un texte difficile et qui ne doit être abordé, dans son ensemble du moins, qu'à une certaine époque des études, c'est celui de la Bhavagadgîtâ, édition Schlegel revue par M. Lassen (1846). La version latine qui l'accompagne est d'ailleurs d'une précision rare.

Inutile d'indiquer d'autres textes ou chrestomathies. Ceux que je viens de citer suffisent plus qu'amplement.

Toutefois je ne terminerai pas ces instructions diverses concernant la langue sanskrite, sans insister de nouveau sur un point capital auquel ci-dessus déjà j'ai fait allusion. Je veux dire l'adoption d'une transcription bien uniforme et aussi bonne que possible. J'ai déjà attiré l'attention sur ce fait que si les consonnes linguales (et non pas emphatiques, cérébrales ou cérébro-dentales ainsi qu'on les dénomme communément) sont figurées selon l'usage par les dentales, *t*, *th*, *d*, *dh*, *n*, munies d'un point souscrit, la sifflante de leur ordre doit suivre forcément le même procédé, et se trouver désignée graphiquement par un *s* muni également d'un point souscrit. Sur ce fait ainsi que sur la prononciation de cette consonne et d'une autre sibilante j'ai tâché de m'expliquer ailleurs assez clairement : No te s u r la pro- nonciation et la transcription de deux sifflantes sanskrites. La seconde de celles auxquelles je fais allusion c'est le *ç* que toutes les raisons nous engagent à prononcer non pas comme notre *ç* français, mais bien comme le *ch* allemand devant *i*. — Pour les deux voyelles linguales propres au sanskrit, il est logique de les transcrire, de même que les autres linguales, avec la souscription d'un point à *r* et *l*. Quant à les prononcer *ri*, *li* c'est une erreur basée sur l'ignorance de leurs rapports phoniques soit de filiation soit de paternité. La voyelle linguale *r* (point souscrit !) ne se serait pas changée par exemple en *a*, *i*, *u* dans les parlers vulgaires de l'Inde (cf. Fried. Müller, Sitzungsberichte der phil. hist. classe der kais. wien. akad. LVII 26 ; Regnier, Études sur la gramm. véd. Prâtiçâkhya du Rig-véda, 43) si elle avait été prononcée *ri*. Je donne cette preuve simplement entre autres car le présent travail n'appartient pas à la polémique. Ajoutons qu'aujourd'hui même ladite voyelle n'est pas davantage prononcée *ri* par les savants hindous : J. Vinson, Revue de linguist. et de philol. comp. III 81. Sa valeur réelle est celle de la voyelle de la dernière syllabe de l'allemand « hadern » et autres semblables.

Si je ne dis rien concernant le vieil idiome védique c'est que cette étude spéciale ne peut guères être entamée avec profit qu'à une époque où l'on se trouve déjà pourvu de bonnes connaissances en sanskrit classique. Le texte à suivre dans l'étude des hymnes du Rig-véda est celui publié par M. Aufrecht dans les VI° et VII° volumes des Indische studien de M. Weber. L'on trouvera d'autre part un sérieux profit dans les publications de M. Ad. Regnier : Etude sur l'idiome des védas, et, secondairement Etudes sur la grammaire védique. Voyez encore dans les Beitræge zur vergleich. sprachforch. l'important travail de M. Kuhn sur la métrique védique ; tome troisième. Dans la Zeitschrift für die wissenschaft der sprache, II 395, la traduction d'un traité de Wilson sur la matière, et à la suite, 435, un exposé de M. Hœfer sur l'étude des Védas (jusqu'en 1850) avec renvoi notamment aux œuvres de MM. Weber (1846), Benfey (1848), Roth (même année). De ce dernier, en collaboration avec M. Whitney, il existe une publication plus récente (1856). Dans la Zeitschrift de M. Kuhn voir les articles de M. Sonne, linguistiques et mythologiques, XII à XV. Puis la belle publication de M. Muir : Original sanskrit texts on the religion and institutions of India : le premier vol. est de 1858, le cinquième de 1870.

Je n'ai pas encore entre les mains le Rig-veda-prâtiçâkhya, édition récemment terminée de M. M. Müller, texte, traduction et notes.

Pour quiconque est accointé d'une façon un peu sérieuse avec le sanskrit, l'étude de la grammaire du zend et de celle du vieux perse est prodigieusement facilitée.

Les textes zends ou baktriens (ce dernier nom est sans doute plus correct) ne forment pas une littérature bien considérable. La plus grande partie de l'Avesta nous est et nous sera peut-être à jamais inconnue. Les livres qui nous en restent ont été publiés soigneusement dans les caractères originaux par MM. Westergaard (1852) et Spiegel (1853, 1858). En ce qui concerne leur traduction celle de ce dernier auteur est un travail d'un immense mérite ; elle a paru en trois volumes (1852-59-63), mais il importe de ne pas s'en rapporter entièrement à cette seule publication. Plus récemment, en effet, M. Spiegel a fait paraître son Commentar über das Avesta dans lequel nombre de ses premières interprétations se trouvent améliorées. — Dans le Yaçna, l'un de ces livres sacrés, il se rencontre plusieurs fragments, en vers, d'un dialecte un peu différent de celui employé dans le reste de l'Avesta : ce sont les Gâthâs. Leur intelligence est d'une extrême difficulté ; M. Haug en a publié une version, qui constitue sans doute un travail fort important, mais dont il ne faut user qu'avec grande critique : Die fünf Gâthâs. Il importe de confronter sans cesse les opinions émises par M. Haug avec le travail de M. Spiegel, notamment dans son commentaire, et la version latine de ces morceaux entreprise par M. Kossowicz (1867-69-71) œuvre très estimable.

L'étude du zend a été rendue tout particulièrement abordable par le bel ouvrage que M. Justi a publié en 1864 sous le titre : Handbuch der zendsprache. La presque totalité du volume est occupée par un lexique. Les formes qui se présentent dans les textes, ainsi que leurs variantes selon les manuscrits multiples, se trouvent toutes indiquées avec référence au passage où on doit les chercher. C'est là un procédé d'une commodité bien grande pour les travailleurs. On a violemment attaqué ces temps derniers l'ouvrage de M. Justi, ainsi d'ailleurs que toute

7.

l'œuvre de M. Spiegel; mais ces critiques, dont on aurait peine à se faire idée sans jeter un coup d'œil sur elles, n'ont guère abouti qu'à doter leur auteur d'une réputation peu enviable. Passons.

Sous le rapport grammatical je ne puis conseiller aux commençants la partie spéciale à cette matière des Essays on the sacred language, writings and religion of the Parsees, de M. Haug. La méthode y fait trop défaut.

Par contre la Grammatik der altbaktrischen sprache de M. Spiegel est un livre fondamental et bien complet. Il contient un appendice traitant de l'idiome de gâthâs, mais l'on ne doit se préoccuper de cette dernière étude que le jour où l'on se trouve suffisamment renseigné sur le parler baktrien ordinaire.

Dans ma Grammaire de la langue zende j'ai cherché, tout en tâchant de ne pas perdre de vue les faits particuliers, à étudier le baktrien en quelque sorte dans l'unité linguistique indo-européenne.

Les différents travaux de M. Ascoli sur l'idiome qui nous occupe, insérés dans divers recueils scientifiques, ne demandent peut-être qu'à venir en seconde ligne, c'est-à-dire à une époque où toutes les connaissances premières sont acquises. M. Ascoli a promis un livre sur la phonétique éranienne.

Les divers écrits de l'illustre Eugène Burnouf, le fondateur véritable de la science de l'éranisme, ne sauraient non plus être mis entre les mains de commençants.

En ce qui concerne le vieux perse, la langue des Achéménides, il la faut étudier dans l'ouvrage de M. Spiegel Die altpersischen keilinschriften renfermant une introduction historique, une traduction, une grammaire, un glossaire. Depuis l'époque (1862) à laquelle M. Spiegel a fait paraître cette œuvre remarquable, le déchiffrement de la version assyrienne a jeté maintes fois un jour précieux sur l'explication du texte en ancien perse. Il est à souhaiter que M. Oppert se décide à publier un travail aussi étendu que possible sur ce sujet. — J'apprends que M. Kossowicz fait imprimer actuellement une édition complète des inscriptions des Achéménides en caractères originaux, avec traduction latine, glossaire et représentation des sites.

L'arménien n'est pas encore entré dans la période définitive de l'exposition de ses rapports réguliers avec les autres langues indo-européennes, spécialement éraniennes, au point de vue de la grammaire comparée. J'indiquerai toutefois les travaux divers de H. Petermann Grammatica linguae armeniacae (1837), Brevis linguae armeniacae grammatica (1841), Gosche De ariana linguae gentisque armeniacae indole (1847), Spiegel à la fin du volume sur la gramm. du huzvâresch (p. 186, ss.) Lauer Grammatik der classischen armenischen sprache (1869), Fr. Müller dans les Sitzungsberichte de l'académie de Vienne (XXXVIII ss.), et les Beitræge de M. Kuhn (III, IV, V), Patkanoff Recherches sur la formation de la langue arménienne (1871) avec annotations de M. Dulaurier.

L'ouvrage fondamental pour l'étude du grec est celui de M. Curtius : Grundzüge der griechischen etymologie (trois. éd. 1869). Plus haut déjà j'ai eu à en parler alors qu'il s'agissait de la linguistique générale indo-européenne et non de celle particulière à tel ou tel rameau. C'est qu'en effet le plan de cet ouvrage est conçu dans un tel esprit d'ensemble que l'étude du grec y est indissolublement liée à l'examen des phénomènes concernant les autres idiomes congénères. Après tout ce qui a été dit ci-dessus par rapport aux procédés méthodiques et à la nécessité de l'examen synthétique et parallèle, il demeure inutile d'appuyer sur les mérites de l'ouvrage en question.

L'introduction du livre, — elle en forme environ la sept ou huitième partie, — traite sous seize rubriques d'autant de questions générales ou particulières. La question de méthode y occupe une large place et y revient maintes fois. Ce souci de l'auteur doit être loué sans réserve : « Nous avons vu plus haut, dit-il, que sur la route de l'abstraction, de la supputation ou de la conjecture il était impossible de répondre à nombre de questions que ne peut laisser à l'écart une recherche étymologique. La parenté des langues vint fournir le régulatif, si bien que beaucoup de ces questions se délièrent au premier coup d'œil. Il en fut de cela comme de la critique d'un écrivain. Des passages que l'on s'était vainement efforcé de rétablir au moyen de conjectures se corrigent fréquemment d'eux mêmes dès qu'un nouveau manuscrit de date plus ancienne présente une autre lecture.....Les langues indo-germaniques prises isolément ressemblent à tout autant de copies du Codex primitif perdu. Aucune d'entre elles n'offre une image inaltérée du texte primordial, mais leur ensemble se présente à nous comme avec l'importance du vieux témoignage d'un état de choses auquel nous ne pouvons accéder directement, immédiatement, témoignage qui en nombre de cas se rapproche pour le moins de l'original. Toutes les copies ont leurs fautes particulières et régulièrement réitérées, mais elles se corrigent mutuellement ; nous pouvons également leur assigner à chacune leur ordre d'importance : plusieurs d'entre elles proviennent d'une source secondaire, quelques unes de la source primordiale commune». Op. cit. p. 21. Et plus loin : «A la vérité tous les témoignages relatifs au parler indo-germanique avant sa séparation ne nous sont pas pleinement lisibles ; la transmission offre souvent des vides considérables : tantôt manque le témoignage de cette langue, tantôt celui de cette autre, et nous ne rencontrons pas par trop souvent leur concordance générale sur un point déterminé. Mais il serait aussi mal habile, pour cela, de laisser de côté un témoignage, qu'il le serait également de prétendre s'en tenir au seul manuscrit que l'on aurait sous la main pour le motif que les autres ne sont pas complets. Cette phrase si souvent répétée qu'on doit posséder à fond une langue quelconque avant de s'adresser à ses congénères, est donc totalement insoutenable. Les langues, dans la période qui précéda leur séparation, n'étaient pas, ainsi que le pensent encore quelques auteurs, grossières, réduites à de pauvres racines, inachevées : elles se trouvaient parfaites, en grand et en entier, dans leur structure. La langue indo-germanique n'était pas composée de sons imprécisés, elle possédait une empreinte nette dans ses formes bien prononcées et manifestement reconnaissables..... Celui donc qui veut atteindre à l'origine des mots doit toujours rechercher du même regard si les langues congénères ne jettent pas une lumière propre sur les phénomènes d'une langue prise isolément, et c'est seulement alors qu'il les a vainement interrogées qu'il a le droit de se restreindre à la langue considérée isolément». Ibid. 22. Dans les cinq ou six pages suivantes l'auteur met en garde contre la tendance outrée et fréquente à prendre le sanskrit pour point de départ unique des rapports phoniques, danger considérable auquel n'ont échappé ni M. Benfey, ni M. Pictet, celui-ci notamment dans ses Origines indo-européennes sévèrement mais justement malmenées par M. Weber (Beitr. II 250). Il n'y a pas moins à se garer de la singulière et accommodante théorie des préfixes de M. Pott : une section d'une dizaine ou douzaine de pages lui est consacrée dans l'introduction de l'ouvrage qui nous occupe et les procédés méthodiques de M. Curtius n'ont qu'une faible peine à assigner leur juste valeur aux enseignements de M. Pott. — Dans cette même introduction il importe de donner une attention toute particulière aux quelques pages où il est traité de la comparaison du système phonétique grec avec celui des langues congénéres (82 à 89) : l'accord est naturellement à très peu près complet avec les données du Compendium de Schleicher.

Le corps de l'ouvrage débute par un tableau exposant les règles de variation phonique du type commun indo-européen aux diverses langues qui en découlèrent. Pourquoi faut-il malheureusement que M. Curtius s'en soit rapporté dans l'exposé et l'étude des diverses séries au plan tout inorganique de l'alphabet ? Est-ce dans une vue de facilitation pour les recherches, de distinction nettement déterminée dans les analyses diverses qu'il a cru devoir s'y arrêter ? Ce motif ne me paraîtrait pas pouvoir compenser les avantages immenses d'une classification naturelle, subséquemment dépouillée par un index rigoureux. Evidemment ce terme de « classification naturelle » demande à être bien entendu et sans équivoque. La nature ignore les systèmes et c'est par un travail purement personnel que l'esprit humain opérant sur le fonds naturel un et continu le jalonne artificiellement. Dans ces sortes de groupements chacun des classificateurs affirme à coup sûr n'avoir rien concédé à sa fantaisie propre. Mais en peut-il être ainsi ? Au bout du compte, ces restrictions une fois posées, il faut reconnaître l'indispensabilité d'une systématisation, et la nécessité des sectionnements inhérente à l'esprit humain. Par malheur M. Curtius a trop sectionné, beaucoup trop. Des mots proches parents, ne différant les uns des autres que par un élément dérivatif, se trouvent dans son livre écartés à de grandes distances. Certes, on peut et l'on doit très scrupuleusement redouter à juste titre les généralisations prématurées, les systématisations factices, mais il y a loin et bien loin de ces édifications fantaisistes à la simple collation, sous une rubrique typique, des membres épars de la même famille.

. Cette part de critique mise à l'écart il est superflu d'appuyer sur la notoire valeur du livre. Les annotations accompagnant chacun des six ou sept cents numéros renvoient strictement à une foule d'auteurs ayant traité du point spécial en litige. La Zeitschrift für vergleichende sprachforschung de M. Kuhn attire la plus grande part de ces références. Après le grec, et souvent sur le même pied que lui, c'est notamment le sanskrit, le latin, le gotique qui occupent l'examen de l'auteur, tellement et si bien que pour quiconque est livré à l'étude plus particulière d'un de ces trois idiomes l'ouvrage de M. Curtius est également d'une importance considérable.

La troisième partie du livre, consacrée aux variations phoniques irrégulières, traite des phénomènes si importants du labialisme, du dentalisme, du zétacisme, ainsi que du digamma et des esprits et réclame bien les deux cinquièmes de tout l'ouvrage. (A propos du digamma voyez l'opuscule de M. Leskien sur les restitutions du digamma par Bekker, 1866, et celui de M. Savelsberg : De digammo ejusque immutationibus dissertatio, 1867. Consultez également M. Rich. Rœdiger dans la Zeitschr. für vergleich. sprachforsch. XVII.)

M. Curtius a entrepris depuis peu la publication de travaux inédits de divers auteurs, spécialement sur le grec et le latin. Le titre en est : Studien zur griechischen und lateinischen grammatik (1868 ss.); l'on y trouvera de fort instructives monographies, mais dont l'utilité ne peut être sentie qu'après l'achèvement des premières études.

Il n'y a pas à nier que le Griechisches wurzellexicon de M. Benfey n'ait été (1839-42) d'un grand secours à l'heure de son apparition. Non seulement à cause des découvertes postérieures, mais en raison aussi de son procédé méthodique je pense que ce travail ne doit venir que tout à fait en seconde ligne et surveillé par une critique minutieuse.

La Vergleichende grammatik der griechischen und lateinischen sprache de M. Leo Meyer peut rendre d'utiles services mais il ne serait peut-être pas sans danger de débuter avec elle. Les réels mérites de M. L. Meyer se rencontrent sur le terrain du germanisme.

Une étude très importante est celle des écrits de M. Ahrens sur les dialectes : De graecae linguae dialectis (De dialectis aeolicis et pseudaeolicis, — De dialecto dorica.) Bien que leur publication remonte à plus de trente ans ils fournissent un enseignement généralement très sûr. — Consultez également L. Hirzel, Zur beurtheilung des æolischen dialektes (1862).

Quant à la Griechische schulgrammatik de M. Curtius (la sixième édit. est de 1863, mais peut-être y en a-t-il de postérieures) qui tend à faire entrer dans l'enseignement classique les données éminemment facilitatives de la linguistique, il faut à son sujet faire les vœux les plus vifs pour qu'une bonne traduction lui donne l'entrée obligatoire dans l'université.

Je ne pense pas qu'il faille, dans l'étude des idiomes italiques, partir de l'opinion d'une unité secondaire gréco-italique. J'ai indiqué plus haut les auteurs auxquels il est bon de s'en référer sur cette question.

La langue latine et ses proches parentes, ombrien, osque, etc., sont peut-être dans toute la famille indo-européenne celles dont le fonds comporte le plus d'éléments lexiques étrangers. D'autre part sous le côté des formes flexives, spécialement dans la conjugaison, elles ont été en proie à des traitements fâcheux, souvent violents. De là la très grande difficulté de leur examen. A mon sens du moins le latin est de tous les idiomes indo-européens primaires celui qui offre à l'étudiant le plus d'incertitude, partant le plus d'incommodité.

Nous avons heureusement dans l'œuvre de M. Corssen un guide d'une bien grande valeur : inégal souvent, et souvent périlleux, mais toujours instructif. M. Corssen est incontestablement dans la voie de la véritable méthode, mais cette méthode il est incontestable également qu'il la brusque maintes fois, sans la violenter peut-être, mais à coup sûr en l'outrant. Même avec les procédés méthodiques les plus scrupuleux on ne peut prétendre à tout expliquer : M. Corssen y prétend trop souvent, on peut dire presque toujours. De là ses rétractations, ses retours fréquents.

La polémique de M. Corssen a du moins cet excellent côté qu'elle fait connaître sincèrement les contradictions et donne moyen de recourir à leurs auteurs. Par malheur cette polémique est sans modération : permis d'étrangler les gens, mais non pas sans formes, ou, du moins, sans l'apparence de formes. L'arrogance dans le triomphe — ou la croyance au triomphe — est plus que hors de propos. M. Corssen a fort beau jeu sans doute à relever les choses à peine croyables qui ont été écrites sur la langue latine, sa phonétique et sa morphologie, mais ses adversaires ne pourraient-ils, en façon de représailles, dresser une liste curieuse des malhabiletés indiennes, germaniques et autres de notre auteur? Cela est fâcheux, mais c'est en effet la très réelle vérité, M. Corssen, qui, très louablement, recourt constamment au sanskrit, aux idiomes germaniques, et à leurs autres congénères, les traite pour l'ordinaire d'une façon déplorable. Impossible de citer sur sa foi un mot sanskrit quelconque : libre, parfaitement libre d'ignorer le sanskrit mais non de le martyriser!

Sur la valeur intrinsèque de l'œuvre de M. Corssen il n'y a pas d'ailleurs à émettre le moindre doute, étant mise à l'écart cette propension à livrer forcément explication de toutes choses. Dans la seconde édition de son ouvrage intitulé Ueber aussprache, vokalismus und betonung der lateinischen sprache

(1868-70, plus de dix neuf cents pages grand in-octavo) l'auteur a condensé l'ensemble de ses recherches précédentes (Kritische beitræge zur latein. formenlehre; — Krit. nachtræge zur lat. form. ; — articles publiés dans la Zeitschr. de M. Kuhn). Chacun des deux volumes est accom-compagné de notes rectificatives et additionnelles qu'il convient de reporter dans le texte avant tout usage.

La première partie de l'ouvrage a trait à la pro-nonciation. Son importance est capitale. Les principes qu'énonce M. Corssen sont accompagnés des preuves les plus positives et maintes fois en grand nombre. Assurément tout n'y est pas de première nouveauté, mais du moins tout y est à peu près aussi complet que possible. Le côté de la prononciation latine est sans doute par trop né-gligé en France : il y a là une réforme totale à à introduire. Un de nos défauts les plus frappants est la vicieuse prononciation du *c* comme notre *c*, à savoir « k » devant « a, o, u », et « ç » devant « i, e ». Il est facile de se convaincre que même dans la période classique, et non pas seule-ment dans l'antiquité, le *c* latin affectait devant toute voyelle le son de *k* : même devant « i, e » les transcriptions grecques le rendent par un kappa, non point par un sigma ; de même, dans les transcriptions du kappa grec les Latins usaient d'un *c* même devant « i, e ». Les Gots rendaient aussi par un « k » le *c* latin, même précédant « i, e » : il n'y a donc jamais lieu de le prononcer devant n'importe quelle voyelle soit comme « ç », soit comme « tch », soit comme « ts ». De même le *g* ne doit jamais être émis avec une valeur semblable è celle du « j » français, ou de « dj ». Ces fausses valeurs « ç, ts, tch, j, dj » sont toutes postérieures (et les unes de beaucoup!) à la période classique.

C'est dans la partie concernant le traitement du vocalisme (tome prem. 347 ss. ; tome sec. 1 à 794) que se rencontrent les matières et opinions soumises aux controverses les plus sérieuses. L'auteur passe d'abord à tour de rôle en revue les diphthongues et les voyelles longues sous le rapport de leur naissance : les mots se présentent par familles, système très commode. Arrive ensuite l'examen de la condensation des diphthongues en voyelles simples : ici sont traitées de nombreuses questions relatives aux désinences casuelles. Impossible de prétendre étudier la déclinaison latine sans se baser sur les considérations nombreuses émises ici par M. Corssen. Dans le tome second nous trouvons l'examen des atténuations et abréviations vocaliques, des chutes de voyelles.

Le dernier quart du volume est relatif à l'accentuation. Voici encore une matière trop négligée chez nous, l'on peut même dire absolument négligée. Combien de personnes, j'entends parmi les lettrés, ont soupçon du principe général si simple que l'accent repose sur la pénultième si elle est longue, sur l'anté-pénultième soit longue, soit brève, si la pénultième est brève? Bien peu assurément, et cependant ce n'est encore là qu'un fait bien élémentaire et bien général. L'exposé des principes de l'accentuation de la période classique du latin est tracé par M. Corssen en une centaine de pages d'une façon très nette et facilement compréhensible. Quant au vieux procédé d'accentuation, système dans lequel l'accent n'était point forcément dans les trois ultièmes syllabes et ne se trouvait pas stipulé par la durée vocalique, les quelques considérations qu'émet l'auteur sont sans doute fort intéressantes, mais échappent, je l'avoue, à ma critique.

Ainsi que je l'ai dit déjà la polémique de M. Corssen nous indique les auteurs à consulter sur telle et telle question de la grammaire latine (par ex. Leo Meyer, Vergleich. grammatik der griech. und latein. spr.; — Bücheler, Grundriss der latein. declination, 1866; — Ascoli, Schweizer-Sidler, Zeyss, Frœhde, dans la Zeitschr. de M. Kuhn; — Ritschl, opusc. phil.; quaest. epigraph. de declinat. quadam latina reconditiore;

neue plautin. exc.; — O. Ribbeck, Beitr. zur lehre von den lat. partikeln, 1869 ; — Ed Lübbert, Der conjunct. perf. und das futur. exact., 1867; — Merguet, Die entwick. der lat. formenbildung; — Brambach, Die neugestalt. der latein. orthogr., 1868 ; — etc. etc.)

Si je tiens à indiquer l'ouvrage de M. de Caix de S. Aymour La langue latine étudiée dans l'unité indo-européenne, — le premier volume seul a paru, — c'est uniquement au point de vue du plan que l'auteur s'était proposé : le premier livre étant consacré à une exposition historique, le second à un résumé grammatical, le troisième à une classification lexique. La préoccupation constante du retour au type commun domine fort louablement tout le travail, mais il est aussi trop souvent déparé par de malencontreux rapprochements. M. Schweizer-Silder l'a jugé fort équitablement, me semble-t-il, et très pratiquement : Neue jahrbücher fur philologie, 1869 I 717. Une nouvelle édition, strictement revue, rendrait un grand service.

Pour l'enseignement classique il importe de recommander l'écrit de M. Schweizer-Sidler : Elementar- und formenlehre der lateinischen sprache für schulen (1869). C'est là un livre que j'indique d'une façon toute spéciale et avec l'idée la plus intimement convaincue de son excellence. Je pense qu'il serait difficile, pour l'instant, d'introduire dans les écoles une plus forte dose de grammaire comparée, mais je crois aussi à la parfaite efficacité du procédé suivi par l'auteur. L'introduction, courte, — deux pages seulement, — mais très précise, et dégagée de toute superfluité rhétorique, présente la parenté italique, spécialement latine. La partie phonétique est peu développée, — une quinzaine de pages, — mais son enseignement doit constituer une révélation véritable pour l'étudiant habitué à la déplorable étude mécanique habituelle. De plus quelques paragraphes sont consacrés à la prosodie et quelques autres à l'accentuation. La déclinaison, la conjugaison et la formation des mots sont fondés avant tout, dans leur exposition, sur une analyse sévèrement scientifique : il y a là un point capital, et dont la méconnaissance rend tout à fait irrationnel l'enseignement classique vulgaire. — Une excellente mesure est la désignation prosodique ; elle est suivie soigneusement. Il est à espérer que l'auteur sans trop tarder, complétera son œuvre précieuse par la rédaction de la partie syntactique, pour laquelle il est si bien préparé (voyez ci-dessus p. 62) ; il est à souhaiter aussi que les puissances compétentes lui accordent, également sans trop tarder, une justice pratique. Cela ne serait point malaisé, et c'est un bien sincère regret pour moi que de n'y pouvoir apporter que mes vœux.

Les Studien zur griech. und latein. gramm. de M. Curtius, dont j'ai plus haut fait déjà mention, contiennent sur le latin des travaux à consulter (Gœtze, Roscher).

Dans le Rhein. museum, nouvelle série, t. quatorze, on trouvera de Schleicher un précis de l'histoire des langues italiques, spécialement au point de vue de la caractérisation des périodes. Voir également Kirchhoff dans l'Allgemeine monatschr. für wissensch. und litt., année 1852.

En ce qui concerne les sources il faut recourir au Corpus inscriptionum latinarum (Th. Mommsen) de l'académie de Berlin; aux Priscae latinitatis monumenta epigraphica de M. Ritschl; au Glossarium italicum de M. Fabretti (1858 ss.); aux Inscriptions chrét. de la Gaule de M. Le Blant; aux Inscript. romaines de l'Algérie de M. Rénier. — Consultez encore Egger : Latini sermonis vetustioris reliquiae selectae (1843).

Il va de soi que les idiomes italiens autres que le latin, notamment l'osque et l'ombrien, ne doivent être abordés qu'en second lieu et après une étude aussi approfondie que possible de la langue latine. L'ouvrage de M. Corssen (Ueber aussprache... voyez ci-dessus) doit être ici d'un très grand secours. D'autres moyens de renseignement sont, entre autres, les suivants : Aufrecht und Kirchhoff, Ueber die umbrischen sprachdenkmæler, ouvrage fondamental; — Th. Mommsen, Die unteritalischen dialecte, très important; — Kirchhoff, Das stadtrecht von Bantia; — Lange, Die osk. inschr. der. tab. bant. — Voyez également Schweizer-Silder dans la Zeitschr. de M. Kuhn, XIX 228, et Leskien dans la Chrestomathie de Schleicher, 205.

Je ne quitterai pas le domaine italique sans dire quelques mots des langues romanes, spécialement du français.

Il est fâcheux que le complément de la préface (XL ss.) du Dictionnaire de la langue française de M. Littré ne puisse se procurer séparément et sous un format plus maniable. En très peu de pages elle contient un très riche enseignement, surtout très clair et intelligible pour un commençant. Le premier paragraphe « Des règles grammaticales de l'ancien français » traite d'une façon sommaire de la déclinaison à deux cas de la langue d'oïl, transition du latin à notre parler actuel. Il y est fait allusion également au procédé logique de métamorphose du mot selon la place de l'accent latin. Voyez spécialement à ce sujet G. Paris, E t u d e s u r l e r ô l e d e l'a c c e n t l a t i n d a n s l a l a n g u e f r a n ç a i s e (1862).

Encore dans la préface de M. Littré le paragraphe « Des langues romanes au nombre desquelles est la langue française » réclame une attention toute particulière ; le suivant « Aperçu de l'histoire de la langue française » revient sur les deux cas de la langue d'oïl et sur le rôle de l'accent. Ces deux questions sont en effet les deux questions fondamentales.

Aussi ne faut-il pas s'étonner de les voir considérées et étudiées à plusieurs reprises dans l'H i s t o i r e d e l a l a n g u e f r a n ç a i s e, recueil de divers articles publiés de 1855 à 1861 par M. Littré. Le livre n'est pas systématiquement ordonnancé mais le registre qui le dépouille y permet une orientation peu difficile.

Entre les différentes monographies de ce dernier ouvrage on en trouve une relative à la G r a m m a i r e d e l a l a n g u e d'oïl de M.

9

Burguy, recommandée à très juste titre. Une nouvelle édition en a paru récemment mais je pense qu'elle a peu varié de la précédente.

Le petit volume de M. Brachet, G r a m m a i r e historique de la langue française (1867) est un résumé conduit méthodiquement. Du même auteur : D i c t i o n n a i r e d e s d o u b l e t s de la langue française (1868), utile à consulter spécialement pour les mots dits de formation savante.

D'ailleurs l'ouvrage fondamental pour l'étude, soit élémentaire, soit plus élevée est, on le sait suffisamment, la Grammatik der romanischen sprachen de M. Diez. Après un exposé des éléments constitutifs des langues romanes et une description de leur domaine (italien, valaque, espagnol, portugais, provençal, français, roumanche), l'auteur examine la transformation, ou les transformations, de chaque voyelle ou consonne latine sur les différents terrains romans. Inutile de dire que le reste de l'ouvrage ne peut être étudié avec profit qu'après une claire possession de cette première partie. Suivent naturellement la déclinaison, la conjugaison, la dérivation toujours étudiées par une méthode strictement comparative. La dernière partie est consacrée à la syntaxe. — L'ouvrage demande à être complété par l'**Etymologisches wœrterbuch der roman. sprachen** du même auteur.

On a beaucoup écrit sur les langues romanes, et comme il est aisé de se renseigner sur les auteurs à suivre, je ne veux nullement entrer en une sorte de catalogue bibliographique dont la longueur serait inacceptable.

Je ne dois toutefois pas ne pas signaler concernant le latin vulgaire, si important dans la formation des langues romanes, l'ouvrage de M. Hugo Schuchardt : **Der vokalismus des vulgarlateins**.

Concernant les langues celtiques j'ai peu de choses à dire. L'ouvrage de Zeuss, comme on sait, est fondamental sur cette matière. M. Ebel en a donné récemment une nouvelle édition où il a mis beaucoup du sien ; le titre est celui-ci : **Grammatica celtica e monumentis vetustis tam hibernicae linguae quam britannicarum dialectorum cambricae cornicae aremoricae comparatis gallicae priscae reliquiis, construx. Zeuss, ed. alt. curav. Ebel**. Deux très forts volumes. L'auteur indique dans une table préliminaire un certain nombre de documents à consulter. J'y ajouterai W. Stokes, **Irish glosses** (1860).

Les Beitræge zur vergleich. sprachforsch. de MM. Kuhn (et Schleicher), Leskien et Joh.

Schmidt (1858 ss.) contiennent un bon nombre de monographies plus ou moins étendues sur les langues celtiques (Aufrecht, Schleicher, Ebel, W. Stokes, Becker, Lottner, Diefenbach, Cuno, Glück).

De M. W. Stokes : The creation of the world ; a cornish mystery in ancien cornish. Avec traduction et notes. Bien que n'ayant pas cette publication sous les yeux, l'autorité considérable de M. Stokes me permet de la signaler.

J'indique également la Revue celtique publiée par M. Gaidoz avec le concours de spécialistes, quelques-uns du premier rang. Actuellement deux fascicules ont paru.

Au surplus les indications données dans le Compendium de Schleicher (voir également les notes additionnelles de l'Indogermanische chrestomathie) sur le vieil irlandais me paraissent d'une grande utilité comme étude préparatoire.

Parmi toutes les langues aryennes de l'Europe c'est le lithuanien qui l'emporte, et de beaucoup, par sa merveilleuse fidélité grammaticale, du moins sous le côté de la phonétique. C'est là ce qui rend l'étude de cette langue si remplie d'intérêt malgré de très sérieuses difficultés.

Le lithuanien dont le plus ancien monument remonte vers le milieu du seizième siècle de notre ère, se parle encore à l'heure actuelle, partie en Allemagne, partie en Russie. La limite occidentale est déterminée, selon la constatation de Schleicher, par une ligne partant de Labiau (sur le lac de Courlande) et se dirigeant jusqu'à Grodno (sur le Niémen). De là la frontière remonte par une inflexion au nord-est puis au nord-ouest pour pour prendre fin du côté du port de Libau. La plus grande part du domaine lithuanien est donc en Russie. Du côté de l'Allemagne son domaine se restreint d'ailleurs de jour en jour et dans un temps relativement peu éloigné on ne le trouvera plus sans doute que dans les huttes les plus misérables.

Le lithuanien connaît deux dialectes principaux : le haut-lithuanien et le bas-lithuanien. Ce dernier reçoit également le nom de jémaïte. Le haut-lithuanien est celui que l'on entend au sud : il se parle dans la plus grande portion de la partie allemande, et est relativement le plus pur.

L'ouvrage fondamental pour l'étude du lithuanien est le Handbuch der litauischen sprache de Schleicher: le premier volume (1856) est consacré à la grammaire, le second à une chrestomathie. En 1843 et 1849 avaient paru deux brochures de M. Kurschat sous le titre de Beitræge zur kunde der littauischen s p r a c h e dont le mérite sous le rapport d'exactitude d'observation est assurément des plus considérables, mais avec lesquels il serait bien difficile d'atteindre, sans d'autres secours, à une bonne connaissance du lithuanien. Je ne les indique donc dans la pratique que d'une façon subsidiaire, tout en reconnaissant leur très grande valeur. C'est spécialement sous le rapport de l'accent qu'ils ont rendu le plus notable service à Schleicher : quiconque a tant soit peu étudié ce parler a bien vite reconnu quelle était la difficulté de son accentuation.

La prononciation demande également une bien grande application : heureux qui peut atteindre ici simplement à un à peu près.

La grammaire de Schleicher traite spécialement du haut-lithuanien. Il avait été l'étudier dans la localité même, d'où l'exactitude si parfaite de son travail. Sa chrestomathie, composée en grande part de chants populaires, les uns édités par lui pour la première fois, et de contes, est accompagnée naturellement d'un vocabulaire.

M. Kurschat a entrepris récemment la publication d'un dictionnaire allem.-lithuan. et lithuan.-allem. (1870 ss.) : W œ r t e r b u c h d e r l i t-t a u i s c h e n s p r a c h e. La première partie, qui, vraisemblablement n'en est encore qu'à son premier tiers, se réfère spécialement au haut-lithuanien.

Le dictionnaire de M. Nesselmann, **Wœrterbuch der littauischen sprache** (1851) est d'un très réel secours malgré toute l'imprécision de son système orthographique.

Le texte le plus important de la langue lithuanienne est, sans contredit, l'œuvre de Christian Donalitius, poète du dernier siècle. C'est aux éditions de Schleicher (1865) et de M. Nesselmann (69) qu'il faut recourir; la dernière est accompagnée d'une traduction allemande, toutes les deux d'un glossaire.

Je dois insister tout particulièrement en ce qui concerne le lithuanien sur la nécessité de recourir à un système orthographique bien précis. Ceux de Schleicher, de MM. Kurschat et Nesselmann diffèrent les uns des autres et parfois d'une façon très grave. Je donne sans conteste la préférence à la manière de voir formulée par Schleicher dans son Compendium § 90. (Cf. Leskien Liter. centr. bl. de M. Zarncke 1871, n° 33 p. 830). J'ajouterai que c'est dans cet ouvrage qu'il convient de rechercher les premiers éléments de la langue lithuanienne spécialement en ce qui a trait à la phonétique, du § 90 au § 101 et du § 184 et au § 194. On étudiera ensuite l'introduction du dictionnaire de M. Kurschat (fascicule premier), notamment en ce qui concerne l'accentuation. Voyez également sur un point important de la grammaire lithuanienne (et slave) Joh. Schmidt au tome VI (129) des Beitr. de M. Kuhn.

Les moyens d'étude de l'esclavon liturgique (dénommé également slavon ecclésiastique, vieux slovène, vieux bulgare) sont multiples et très précis.

La grammaire de M. Miklosich est l'œuvre classique sur la matière : Vergleichende grammatik der slavischen sprachen (1852, 1856). Le tome premier traite de la phonétique. La comparaison porte sur l'esclavon liturgique (ici dénommé vieux slovène, et auquel reviennent les deux cinquièmes du volume), puis le néo-slovène (actuellement parlé en Croatie, à Warasdin, Agram, etc.), le bulgare, le petit-russe, le russe, le tchèque ou bohémien et le dialecte slovaque (parlé dans la Hongrie du nord), enfin le haut et le bas-sorbique (en Lusace, dans la région où se rejoignent la Saxe, le Brandebourg et la Silésie). — Le tome troisième traite de la déclinaison et de la conjugaison de ces mêmes idiomes toujours avec relation au premier d'entre eux.

Il faudrait bien toutefois se garder d'admettre

que le vieil esclavon liturgique soit le type commun des différents idiomes slaves. C'est là une erreur qui malheureusement a cours assez communément. Dans les Beitræge zur vergleich. spr. forsch., notamment I 319, Schleicher a élucidé la question d'une façon très satisfaisante. — A ce propos, et paru dans le même volume, je dois citer du même auteur un mémoire sur l'histoire des langues slaves.

Voilà qui m'amène à dire quelques mots en passant des cartes linguistiques de M. Kiepert : Vœlker- und sprachenkarte von Deutschland und den nachbarlændern im j. 1867; Vœlker- und sprachenkarte von Oesterreich und den unten-Donau-lændern. Ces cartes sont dressées en principe d'une façon scrupuleuse et leur diffusion serait très utile. En ce qui concerne l'extension des idiomes slaves vers l'occident un coup d'œil sur ces cartes est bien intéressant. Au nord-ouest le point le plus avancé de ces langues est en Bohème : la ligne est à peu près directe de Leitmeritz (allem.), Pilsen (allem.), à Tauss (tchèque); elle se dirige au sud-est sur Schweinitz (tch.) puis de là remonte vers Brunn (allem.) en souffrant toutefois un léger angle rentrant avant le 33ᵉ degré. De Brunn elle redescent droit à Presbourg (allem.), puis elle se prolonge avec plus ou moins de sinuosités jusqu'au 40ᵉ degré longitudinal. Jusqu'à présent tout ce qui est à droite et au-dessus de cette ligne, c'est-à-dire à l'est et au nord, est tchèque et slovaque. A partir du 40ᵉ degré longit. jusqu'au 48ᵉ, c'est-à-dire jusqu'à Odessa c'est au nord le domaine russe (au sud le roumain). Si nous en revenons à notre point de départ de Leitmeritz en Bohême, nous constatons que la ligne séparant le slave au sud de l'allemand au nord passe entre Reichenberg (all.) et Münchengraetz (tch.) pour aboutir un peu avant Braunau (allem.). De là elle se dirige au sud un peu plus bas que Zwittau (allem.), puis à l'est sur Olmütz (allem.), Friedeck. Quelques lieues droit au nord on atteint la frontière polonaise : Ratibor, Lœwen, Rawitsch, Birnbaum, puis vers l'est Labischin d'où après un retour vers le 35ᵉ degré longit. l'on atteint tortueusement la Baltique vers le 36ᵉ. Toutefois à droite de cette ligne, c'est-à-dire à l'est, il y a encore une masse compacte de langue allemande, comprenant le quadrilatère formé par Danzig, Graudenz, Oletzko et Tilsit. Quant à la partie slave méridionale (Croatie, Serbie) séparée de la partie septentrionale (Bohême, Moravie, Galicie, Russie) par l'Autriche, la Hongrie et la Roumanie, elle commence au nord près de Gemona, Cividale dans la Frioul italien ; elle redescend en Istrie, presqu'entièrement slave, — une mince lisière de la côte occidentale, Parenzo, Bovigno, Dignano, parle italien ; — elle suit la côte adriatique jusqu'au 42° degré latit., et de là, par plus ou moins de contours, gagne Nisch (serbe) laissant encore s'étendre à l'est la grande partie bulgare de la Turquie. La limite septentrionale de la partie sud slave côtoie Klagenfurth, S. Georgen, Esseg, pour remonter vers Temeswar à l'est duquel on parle roumain. — Toute cette énumération est sans doute peu intelligible à la lecture, mais je pense qu'elle se laisse suivre facilement avec une carte sous les yeux.

En 1852 Schleicher a publié un volume intitulé Die formenlehre der kirchenslawischen sprache, qui peut déjà, par lui seul, amener à une bonne connaissance de cet idiome important.

J'ai attentivement examiné le volume récemment publié par M. Leskien : Handbuch der altbulgarischen sprache. Grammatik. Texte. Glossar. 1871, La partie grammaticale est peu développée (soixante-dix pages) mais complète. Elle offre manifestement un guide qu'il est aisé de suivre pas à pas, soit dans l'étude privée, soit dans l'enseignement public, en s'aidant par une suite sérieuse de références aux ouvrages plus développés dont l'indication a été donnée ci-dessus. Les textes occupent une centaine de pages : l'impresssion est nette, correcte, et commode pour les commençants, ce qui est d'importance. Une extrême utilité se laisse retirer du glossaire relatif à ces textes (environ soixante-dix pages). L'auteur a pleinement atteint le but qu'il se proposait : quiconque suivra avec intelligence ce volume élémentaire abordera sans peine les études subséquentes.

J'indiquerai comme texte l'Evangile d'Ostromir, édit. Al. Vostokov (1843). Toutefois pour commencer avec une lecture plus facilitée, il est préférable de s'exercer d'abord sur les fragments publiés avec transcription et glossaire, par M. Leskien dans l'indo-germ. chrestomathie, 264 ss. ainsi qu'à ceux de son manuel plus haut cité.

Quant à un vocabulaire celui de M. Miklosich est une œuvre capitale et telle qu'on pouvait l'attendre de son auteur : Lexicon palaeoslovenico-graeco-latinum, emendatum auctum (1862-65). Il contient près de douze cents pages. Les mots y sont donnés sous leur forme graphique cyrillienne, et, la plupart du temps, avec leur référence aux autres idiomes slaves et même indication de leur parenté avec les langues congénères. Dans une table introductive (III à XXI) on a l'occasion d'être renseigné sur le titre d'un grand nombre de publications slaves, ce qui est d'une grande utilité.

Le terrain du germanisme est sans aucun doute un des plus intéressants à aborder. C'est principalement du côté de sa phonétique, et notamment en ce qui concerne les consonnes, qu'il doit attirer notre attention. Le célèbre Grimm a formulé sous ce rapport une loi bien connue, adoptée communément. Et pourtant cette prétendue loi, il n'y a pas à se le dissimuler, n'a rien de légitime. Non-seulement les explications qu'elle fournit supposent nombre de faits qui ne se sont jamais réalisés, mais elle méconnait encore bien des faits qui ont eu leur parfaite et très avérée réalité. Je n'ai pas à exposer la théorie de Grimm, on la trouvera d'ailleurs reproduite dans une foule d'auteurs. Seulement ce dont je dois prévenir ici c'est que son côté faible et toute son erreur consiste en ce que Grimm a continuellement confondu avec de prétendues aspirées les sifflantes du germanisme : les *f*, les *h,* les *th*, du gotique, par exemple, n'ont rien de commun avec des aspirées, ce sont des sifflantes. Cette confusion, je le répète, est le point de départ de toute l'erreur, c'en est la génératrice.

D'ailleurs le traitement que le germanisme fit subir aux consonnes explosives de l'organisme typique indo-européen (c'est à savoir aux explosives fortes P, T, K, aux explosives faibles B, D, G, aux explosives aspirées BH, DH, GH plus faibles encore que les précédentes puisque l'aspiration, le souffle qui les termine est un empêchement à la sonorité), ce traitement, dis-je, est des plus simples. Il consiste uniquement en un renforcement : 1° les aspirées organiques se trouvent renforcées par la perte du souffle qui les enchaîne en quelque sorte, c'est-à-dire qu'elles deviennent explosives faibles ou moyennes ; 2° les faibles ou moyennes organiques montent au rang de fortes ; 3° les fortes organiques sont sifflées, c'est-à-dire qu'elles deviennent *f, h* (sifflé), *th* (sifflé, le *th* dur anglais). Telle fut l'évolution très simple et très nette qui caractérise la période germanique commune.

Une seconde période commence avec la division du germanisme pur en ses quatre branches, à savoir le scandinave, le gotique, le bas-allemand, le haut-allemand. Deux phénomènes réclament ici toute notre attention. Le premier est celui du fait dénommé par M. Chavée « polarité ». Le voici exposé sans développements : les sifflantes *f, h, th* (prononcez toujours cette dernière à la façon du *th* dur anglais!), sifflantes obtenues par le renforcement des explosives fortes organiques, peuvent ou bien rester telles quelles, ou bien connaître la variation suivante : *f* devient *v* puis *b* ; secondement, *th* (dur sifflé) devient *th* (doux sifflé) puis *d* ; troisièmement, *h* (dur sifflé) devient *h* (doux sifflé) puis *d*. Comme on le voit la sifflante dure devient sifflante faible, puis celle-ci permute avec l'explosive faible ou moyenne de la même série. Ce phénomène ne s'est pas toujours produit : il a pu se produire, ai-je dit. D'autre part, dans sa production, il se trouve parfois n'avoir encore atteint à l'époque actuelle que le second degré, non le dernier. Si par exemple nous prenons le т organique, nous le voyons en anglais sous la double forme du *th* fort, premier degré, et du *th* faible, second degré : le flamand, le hollandais ont poussé plus loin et ont atteint *d*. C'est à ce dernier qu'arriveront forcément un jour ou l'autre tous les *th* anglais ; ce n'est là qu'une question de temps, et l'on peut voir très facilement que certains dialectes y ont déjà atteint. — Le second phénomène qui doit attirer notre attention dans le passage du germanisme commun en ses quatre branches, c'est que le haut-allemand, ou du moins la partie rigoureuse du haut-allemand, fit subir au type germanique commun un nouveau renforcement : il lui rend ce que celui-ci avait fait au type indo-européen. C'est ainsi que dans le haut-allemand rigoureux les *b, d, g* du germanisme commun deviennent *p, t, k* : de même les *p, t, k* du germ. comm. deviennent *f, th* (sifflez!), *h* (sifflez!) : quant aux *f, th, h,* bien difficiles à renforcer davantage, les *f* et *h* restent tels quels et les *th* deviennent des *z*.

Il faut attribuer tout le mérite, et certes il n'est pas minime, de la constatation et de la fixation de ces deux phénomènes « renforcement » et « polarité » à M. Chavée. Les travaux que j'ai faits sur cette question (La théorie spécieuse de Lautverschiebung, — Revue de linguist. et de philol. comp. II 294, etc.) n'en sont qu'une pure amplification.

M. Chavée vient de traiter sommairement cette double question dans un opuscule tout récemment paru et auquel il convient de s'en référer : Enseignement scientifique de la langue allemande, 1871.

L'allemand actuel, après la forme du germanisme commun (premier renforcement), a passé par celle du vieux haut-allemand (second renforcement et polarité), puis du moyen haut-allemand avant d'atteindre à celle qu'il affecte aujourd'hui. Etant mis très soigneusement à l'écart le rapport de la prétendue loi de Grimm, nous trouvons dans le livre de Schleicher Die deutsche sprache l'exposé fort précis de cette évolution. C'est à ce livre qu'il convient de s'en référer pour l'étude dont il s'agit. J'en dirai quelques mots ici.

Le vieux haut-allemand, que l'on qualifie parfois en France du nom de « tudesque », était composé des dialectes francs, alaman-souabe, bavarois-autrichien : sa période s'étend du septième siècle jusque vers la fin du onzième. Nous arrivons alors au moyen haut-allemand : la caractéristique de cette transition est la transformation, l'atténuation si l'on veut en un *e* indistinct de la voyelle suivant la voyelle thématique; ainsi le vieux haut-allemand dit *gibu*; je donne, le moyen dit *gibe*; quant aux voyelles radicales elles restent à peu près les mêmes. Le dialecte souabe fut alors le plus cultivé, le plus en honneur, et l'on sait que cette période moyenne est d'une richesse inouïe sous le rapport littéraire, notamment le treizième siècle. C'est jusqu'au seizième siècle que s'étend le moyen haut-allemand.

Ce qui distingue le nouveau haut-allemand, ou allemand moderne, c'est (voyez Schleicher, op. cit., deux. éd. 105) p. en premier lieu le ton, l'accentuation, déterminant la longueur de la syllabe radicale, secondement le caractère quasifactice du parler lettré. Pour ce qui a trait au premier de ces caractères il faut observer, en effet, que, dans le moyen haut-allemand, la syllabe radicale était tantôt courte, tantôt longue : cette distinction est malheureusement perdue par l'allemand moderne qui s'en réfère ici uniquement à l'accentuation; de là une foule d'homophonies qui n'existaient point dans le parler plus ancien.—La seconde caractéristique est également considérable. Le vieux haut-allemand est constitué simplement du dialecte de l'écrivain, le moy. haut-all. laisse prédominer le langage des cours; quant à l'allemand nouveau ce n'est point un dialecte allemand, il ne constitue le parler particulier d'aucune population spéciale. De là les choses peu naturelles et souvent monstrueuses que l'on y peut relever, et dans les sons et dans les formes : au milieu des divers dialectes allemands l'on est en droit de dire, en effet, que c'est un parler impersonnel. En remontant les années passées on peut suivre la langue moderne allemande jusqu'à Luther : il y a assurément des différences à constater, de l'ancien et du nouveau, mais c'est bien toujours la même langue. Son origine est dans le parler employé dans les chancelleries de l'époque, dans les actes diplomatiques, recourant aux diffé-

rents dialectes populaires, surtout à l'autrichien.
Cette langue grâce aux actes officiels, grâce surtout à Luther, se fit jour peu à peu, et, là où il y avait une église, une école, un tribunal, elle délogea le dialecte courant qu'à un moment donné l'on n'arriva plus à trouver seulement que dans les campagnes. Cf. même auteur, op. cit., deux. éd. p. 107. — En ce qui concerne l'orthographie de l'allemand moderne il faut encore bien concevoir que non-seulement elle n'a rien de naturel, rien de logique, mais qu'elle contient les plus injustifiables innovations. Pour les voyelles, par exemple, Schleicher insiste sur les trois erreurs que voici. Premièrement : l'allongement des voyelles par l'accompagnement d'un *h* est fautif d'après son emploi inconséquent et d'après la confusion que cela amène avec les *h* réellement légitimes ; le *h* d'allongement vocalique est partout à supprimer. Secondement : pour allonger également les voyelles parfois on les redouble. De la sorte pour rendre *-âr* l'on se trouve en possession des trois formules *-aar, -ahr, -ar* (par exemple dans «zwar, haar, wahr»). Troisièmement la reddition fréquente d'un simple *i* légitime par un *ie* fautif, l'inverse parfois. Pour tous ces cas différents la connaissance de la vieille langue donne des réponses sûres et précises. Sur le terrain des

consonnes un des faits les plus malencontreux est la fréquence des *th* pour *t* : tous ces *th* sont barbares et illégitimes. Mais c'est là une question qu'il convenait simplement d'indiquer par ce qu'elle mérite une attention sérieuse ; entrer dans plus de détails serait hors de propos. On peut s'en référer à la Die deutsche sprache, deux. éd. pp. 174 ss., 207, 324 ss., et à l'ouvrage de M. K. G. Andresen intitulé Wortregister für deutsche orthographie. Le Compendium est écrit d'après l'orthographie légitime ; de même l'Indogermanische chrestomathie. (Sans entrer en détails sur les dialectes du haut-allemand, je dois désigner les beaux travaux de M. Weinhold : Grammatik der deutschen mundarten. I Alemannische grammatik ; II Bairische gramm.; 1863, 1867).

M. Koch a publié en trois volumes une Historische grammatik der englischen sprache que je dois recommander à quiconque veut se familiariser plus spécialement avec le bas-allemand. L'ensemble de l'ouvrage est conçu dans un esprit méthodique et suffisamment synthétique.

Parmi les langues scandinaves qu'il suffise de rappeler que l'islandais tient le premier rang par sa conservation remarquable. Il réclame sans conteste la première place dans l'étude de ce rameau germanique.

Il est certain et bien reconnu que l'étude des langues germaniques doit être commencée par le gotique. (M. Lottner, dans la Zeitschr. de M. Kuhn V 153, a démontré sans peine la fausseté de l'orthographie « Goth, gothique». Les Gots écrivaient leur nom avec un *t* non un *th* ce qui était bien différent : ce dernier caractère, ou plutôt son équivalent graphique ne constituait pas en effet chez eux une aspirée, mais bien une sifflante que les Romains n'auraient jamais rendue par un *t*, selon leur forme correcte «Goticus». Voyez également à ce sujet Schleicher Die deutsche sprache. deux. éd. 92).

C'est dans le Compendium que je conseille avant tout l'étude de la phonétique, de la morphologie et de la flexion du gotique. Ces deux dernières parties surtout. La première est entachée malheureusement de la théorie de Grimm dont il a été parlé tout à l'heure, puis je ne pense pas davantage (cf. Berth. Delbrück, M. Heyne dans la Zeitschr. für deutsche philol. I 125 372 de MM. Hœpfner et Zacher) qu'il le faille suivre davantage sous ce rapport en ce qui concerne les gradations vocaliques.

M. Westphal a exposé dans la Zeitschr. de M. Kuhn, II 163, une loi phonique de la plus haute importance concernant la chute de certaines voyelles dans les syllabes terminales. C'est là, je le dois répéter, un point tout-à-fait capital, et dont il importe de se procurer une notion très-claire dès le commencement des études gotiques. Il faut encore consulter à ce sujet les observations consignées par M. W. Scherer dans son bel ouvrage Zur geschichte der deutschen sprache, 92 à 168. Cet ouvrage est d'ailleurs trop rempli de disputations critiques pour être mis avec profit dans les mains d'un commerçant. C'est seulement à un certain degré acquis que toutes ses richesses, et elles sont notables, pourront être utilisées.

Le volume de M. Leo Meyer Die gothische sprache (1869) est un répertoire des plus grand profit : l'ordre en est facilement saisissable et commode.

Le vocabulaire de M. Diefenbach est plein de références très scientifiques Vergleich. wœrterbuch der gothischen sprache, mais comme le livre a été écrit il y a déjà un certain nombre d'années (1851), il est prudent de s'en référer après lui aux indications fournies par M. Curtius dans ses Grundzüge der griech. etymol. ; voir pour cela le registre de ce dernier volume, tout à la fin.

Un dictionnaire gotique éminemment recommandable pour l'usage pratique est celui de M. Schulze : Gothisches wœrterbuch nebst flexionlehre (1867).

De la langue gotique nous possédons un texte encore assez important dans les fragments de la version de la Bible, version dûe à l'évêque Ulphilas (Wulfila) au quatrième siècle. Il en a été publié un certain nombre d'éditions (v. d. Gabelentz et Lœbe, Massmann, Stamm (Heyne), etc.) généralement accompagnées d'une grammaire plus ou moins développée.

Outre la Zeitschrift de M. Kuhn on trouvera dans la Germania de Fr. Pfeiffer (1856 ss.) et la Zeitschrift für deutsche philologie de MM. Hœpfner et Zacher un grand nombre de travaux propres à consulter souvent même pour une étude élémentaire, et l'on y puisera de nombreux renseignements bibliographiques, tant sur les langues scandinaves que sur le gotique et le haut et bas-allemand.

(Au surplus, et d'une façon générale, les recherches de cette sorte sont facilitées par les relations du volume de M. Benfey Geschichte der sprachwissenschaft uud orientalischen philologie in Deutschland [1869]. L'on y trouve également des indications sur les langues anaryennes).

Il serait superflu d'étendre davantage les considérations qui précèdent. Elles ne sont relatives qu'aux études de la première heure, mais je les crois largement suffisantes pour ce but, et, d'ailleurs, je n'avais en vue, en commençant ce travail, que des instructions élémentaires. L'essentiel en fin de compte est de prendre dès les premiers pas l'habitude méthodique : le développement vient de soi. Et sans peine. La peine est tout au contraire à qui s'élance en fantaisiste, en irrégulier, dans le domaine des conjectures et de l'à-peu-près, sans égards pour « un corps de doctrine dont il n'est plus possible de s'éloigner impunément » (Baudry, op. cit. V) : combien nombreux sont malheureusement ceux là! La précision engendre seule et peut seule engendrer la facilite : sans précision tout est précaire et demeure forcément entaché de caducité. Soyons précis avant tout : telle est la première, telle est la dernière instruction.

MATIÈRES TRAITÉES

ACCENTUATION. Dans l'étude du latin l'accentuation ne doit pas être négligée. Principe général de l'accentuation latine. 92. Difficulté de l'accentuat. lithuanienne. 102.

ALLEMAND. Filiation de l'allemand actuel. 112. En quoi il se distingue du moyen haut-allemand. 113. Son caractère quasi-factice. Sa déplorable orthographie. 115.

ANARYEN. Langues anaryennes, étrangères à la famille linguistique indo-européenne. 120.

ANGLAIS. Grammaire historique de la langue anglaise. 116.

ANTHROPOÏDES. Arrêtés dans leur développement vers l'humanité. 31

ANTHROPOLOGIE. Ce qu'elle doit à la linguistique. 18.

ARMÉNIEN. Ses rapports réguliers avec les autres langues indo-européennes, spécialement éraniennes, ne sont pas encore fixés. 79. Auteurs à consulter pour son étude. 80.

ARYAQUE. Dénomination proposée pour le type indo-européen. 65.

ARYEN. Langues aryennes. 65

ASPIRÉES. Ne pas les confondre avec des sifflantes. 109. Il n'y a point d'aspirées dans le germanisme. 110.

ASTRONOMIE. Placée au second échelon de la sériation scientifique. 8.

BAS-ALLEMAND. L'un des quatre rameaux germaniques. 202.

BIBLE. La version en gotique. 119.

BIOLOGIE. Placée au cinquième échelon de la sériation scientifique. 11.

CARACTÈRES TYPOGRAPHIQUES. Utilité d'un choix judicieux dans leur emploi. 61.

CARTES LINGUISTIQUES. Limites slaves. 105.

CELTE. Parenté intime des langues celtiques et italiques. 65. Auteurs à suivre pour l'étude des langues celtiques. 99.

CHIMIE. Placée au quatrième échelon de la sériation scientifique. 10. Chimie organique. 11.

CLASSEMENT. Classement des idiomes indo-européens. 65.

CLASSIFICATEUR. Scribe de la nature. 7.

CLASSIFICATION. La classification naturelle échappe à l'initiative. 8. Ce que c'est qu'une classification dite naturelle. 84.

CONJECTURE. Son impuissance. 81.

DÉRIVATION. Qui a donné sa véritable théorie. 53. Où la trouver. 56.

DÉVELOPPEMENT. Développement de formes inférieures. 27. Trois périodes dans celui de l'humanité. 30.

DICTIONNAIRE. Dictionn. sanskrits. 70. Dictionnaire zend. 77. Dictionnaire du vieux perse. 79. Dictionn. étymologique des langues romanes. 99. Dictionn. lithuaniens. 103. Dictionn. de l'esclavon liturgique. 108. Dictionn. gotiques. 118.

ÉLÉMENTS SIMPLES. Sont de deux sortes. 56.

ESCLAVON LITURGIQUE. Dénommé aussi vieux slovène, vieux bulgare, slavon ecclésiastique. Œuvre classique sur la matière. 104.

ESPAGNOL. L'une des langues romanes. 98.

ESPÈCES. Admises par les langues dans leur évolution. 32.

EUPHONIE. Variations euphoniques du sanskrit. 67.

GERMAIN, GERMANIE, GERMANIQUE. 64.

GERMANISME. Attention que réclame son système consonnantique. 109. Traitement qu'il fait subir aux consonnes explosives du parler commun indo-européen. 110. Division quadruple du germanisme. 110.

GOT. Et non goth. 52. 117.

GOTIQUE. Et non gothique. 117. Son importance capitale dans l'étude des langues germaniques. 117. Auteurs à suivre. 118.

EXPLICATION. Même avec la plus rigoureuse méthode l'on ne peut prétendre à livrer explication de tout. 89.

FONCTION. Point de fonction sans organe. 14.

FRANÇAIS. Une des langues romanes. 98. Influence de l'accent latin sur sa formation. 97. Histoire de la langue française. 97.

GRAMMAIRE. Gramm. sanskrites. 66. Gramm. zendes. 78. Gramm. du vieux perse. 79. Gramm. grecque classique. 87. Grammaire latine classique. 93. Gramm. du lithuanien. 101. Gramm. de l'esclavon liturgique. 104 ss. Gramm. historique de l'anglais. 116. Grammaire des langues romanes 98.

GREC. Le vrai manuel du linguiste pour la langue grecque. 80. Gramm. grecque classique. 87.

— 124 —

HAUT-ALLEMAND. L'un des quatre rameaux germaniques. 110. Le haut-allemand rigoureux répète la substitution consonnantique appliquée au type indo-européen par le germanisme commun. 112. Vieux haut-allemand. 113. Moyen haut-allemand. 113 Dialectes du haut allemand. 113.

HISTOIRE. La vie historique n'est possible qu'après l'affirmation de l'organisation linguistique. 33.

HOMME. N'est homme que par le langage. 27. Son développement graduelle de formes inférieures. 27.

HUMANITÉ. Atteinte à la condition humaine. 31.

INDO-CELTIQUE. Ce qu'il faut penser de cette dénomination. 64.

INDO-EUROPÉEN. Nécessité de procéder d'après la restitution du type commun indo européen. 47. Les langues diverses indo-européennes variétés d'un parler commun. 54. Réserves sur cette dénomination. 64. Précision phonique du parler commun indo-européen. 83.

INDO-GERMANIQUE. Fausseté de cette dénomination. 64.

ISLANDAIS. Son importance grammaticale. 33. 116.

ITALIQUE. Les langues italiques apparentées de plus près aux langues celtiques qu'au grec. 65.

LANGAGE. Son acception générale. 13. Langage humain, caractéristique de l'humanité. 13. 24 Est un fait naturel. 13. Suit la loi des phénomènes naturels. 17. Est établi avec l'homme. 24.

LANGAGE ARTICULÉ. Sa localisation. 14. Caractéristique de l'humanité. 24. Sa naissance et son développement sont préhistoriques. 29.

LANGUES. Leur pluralité originaire. 21.
   Proportionalisme de leurs variations. 25. D'autant plus nombreuses que l'on remonte davantage dans l'histoire. 26. Les langues dites mortes ne le sont réellement pas toutes. 26. S'arrêtent parfois en leur développement. 28. Périssent mais ne renaissent pas. 29. Celles que nous parlons sont des exemples séniles. 30. Admettent des espèces et des variétés. 32. Les personnes les moins autorisées dissertent sur les langues. 44.

LATIN. Opinion de l'un des Quarante sur sa filiation. 45. Son lexique contient de nombreux éléments étrangers. 88. Auteurs à suivre pour son étude. 88 ss. Accentuation du latin. 92. Latin vulgaire. 99.

LAUTVERSCHIEBUNG. Substitution des consonnes dans les langues germaniques. La théorie de Grimm est vicieusement édifiée sur une confusion. 109.

LINGUALES. Celles du sanskrit faussement dénommées emphatiques, cérébrales. 60. Leur transcription. 60. 74. Voyelles linguales du sanskrit. 74.

LINGUISTE. Distingué du philologue. 38.

LINGUISTIQUE. Sa place dans la série des connaissances. 15. Science naturelle. 38. Ce qu'elle fournit à l'anthropologie. 18. Ne doit pas être confondue avec la philologie, même comparée. 36. Son objet est la langue seule 38. Sa fondation et son développement. 46.

LITHUANIEN. Son importance grammaticale. 33. 100. Son domaine actuel. 101. Connait deux dialectes principaux. 101. Difficulté de sa prononciation. 102. Diffic. de son accentuation. 102. Sa transcription. 103.

LOCALISATIONS CÉRÉBRALES. 14.

MATHÉMATIQUE. Premier échelon de la sériation scientifique. 8.

MÉTAMORPHOSE RÉGRESSIVE. 30. Est d'autant plus accélérée que le développement historique est plus vivace.

MÉTAPHYSIQUE. Réprouvée par la méthode expérimentale. 13, 16.

MÉTHODE. Point capital. 44.

MORPHOLOGIE. Ce n'est qu'au point de vue morphologique que les langues sont primordialement pareilles. 28.

MOT. Soit décliné, soit conjugé. 56.

MYTHOLOGIE COMPARÉE. 67.

NOM. N'est ni antérieur ni postérieur au verbe. 56.

OIL. Langue d'oïl. Possède une déclinaison à deux cas. 97.

OMBRIEN. 96.

ORGANE. Révélé par la fonction. Point d'organe sans fonction. 14.

ORTHOGRAPHIE. Vicieuse orthographie de l'allemand moderne. 115. Ouvrages allemands légitimement orthographiés. 116.

OSQUE. 96.

PERSE. Le travail classique sur le vieux perse. 79.

PHILOLOGIE. Est une science historique. 37. Doit être distinguée profondément de la linguististique. 38. La philologie comparée ne doit pas être prise pour la linguistique. 36. Tient la langue comme un moyen d'induction. 39.

PHILOLOGUE. Distingué du linguiste. 39.

PHILOSOPHIE. 12.

PHILOSOPHIE POSITIVE. Sa théorie de la sériation scientifique. 8.

PHONOLOGIE. Son importance capitale. 51.

PHYSIQUE. Placée au troisième échelon de la sériation scientifique. 9.

POLARITÉ. Celle des consonnes. 110.

POLYGÉNISME. 20.

PORTUGAIS. L'une des langues romanes. 98.

PRÉCISION. Première et dernière recommandation. 120.

PRONONCIATION. Réforme de la prononciation latine. 90.

PROVENÇAL. L'une des langues romanes. 98.

RACE. Inanité de l'axiome : Telle langue, telle race. 20. Vérité originaire de celui : Telle race, telle langue. 11.

RACINES. 52, note. 53, note.

ROMANES. Ouvrage fondamental pour l'étude des langues romanes. 98.

ROUMANCHE. L'une des langues romanes. 98.

SANSKRIT. Grammaires recommandées. 66. Dictionnaires sanskrits. 69. Textes sanskrits recommandés. 71.

SCANDINAVE. L'un des quatre rameaux germaniques. 101. Où il faut chercher des renseignements bibliographiques sur les langues scandinaves. 119.

SIFFLANTES. Transcription de la sifflante linguale du sanskrit. 60. 74. Des sifflantes prises fautivement pour des aspirées. 109.

SLAVE. Limitation européenne des langues slaves. 105.

SOCIOLOGIE. Placée au sixième rang de la sériation scientifique. 12.

SOUABE. Le plus en honneur des dialectes du moyen haut-allemand. 113.

SYNTAXE. La syntaxe comparée n'est pas encore codifiée. 62. Auteurs qui en ont traité. 63.

SYSTÈMES. Leur peu de naturalisme. 84.

SYSTÈMES LINGUISTIQUES. Leur multiple origine. 20. 29. Leur irréductibilité. 21. S'arrêtent parfois dans leur développement. 28. Ne sont pareils primordialement qu'au point de vue morphologique. 28.

TEXTES. Textes sanskrits recommandés. 71. Textes zends. 76. Textes du vieux perse. 79. Textes lithuaniens. 103. Texte de l'esclavon liturgique. 108. Texte gotique. 119.

THÈME. Ce que c'est. 56. Son indifférence propre. 57. Désignation des thèmes 60.

TRADUCTION. Avantages des versions du sanskrit en latin. 72. Traduction gotique de la Bible. 119.

TRANSCRIPTION. Nécessité d'une transcription uniforme. 59. Transcription du sanskrit. 59. Transcript. du lithuanien. 103.

TRANSFORMISME. Développemement graduel de formes inférieures. 27. Les résultats de la glottique conduisent à l'adoption du transformisme. 27. 31.

TUDESQUE. Dénomination du vieux haut-allemand. 113.

VARIÉTÉS. Admises par les langues dans leur évolution. 32.

VÉDIQUE. Les études védiques ne peuvent être avantageusement commencées sans la connaissance du sanskrit classique. Auteurs à consulter. 75.

VERBE. N'est ni antérieur ni postérieur au nom. 56.

VIE. Certains peuples sont impropres par leur langue au développement historique 31. Vie des langues. 32.

ZEND. Textes zends. 76 Grammaires zendes. 78. Dictionnaire zend. 77.

AUTEURS CITÉS

Ahrens. 87.
Andresen. 116.
Ascoli. 53, note. 56. 78. 92.
Aufrecht. 75. 96. 100.
Autenrieth. 63.
(L') auteur. 52, note. 74. 78. 112.
Baudry. 49. 120.
Becker. 100.
Benfey. 37. 43. 57. 65. 67. 70. 75. 83. 86. 119.
Bœhtlingk. 70. 73.
Boller. 69.
Bopp. 46. 49. 67. 71. 79.
Brachet. 98.
Brambach. 93.
Broca. 15. 17.
Bücheler. 92.
Burguy. 93.
Em. Burnouf. 68. 70.
Eug. Burnouf. 79.

A. de Caix. 93.
Chavée. 37. 43. 47. 53. 54, ss. 110. 112. 131.
Corssen. 88 ss. 96.
Cuno. 65. 100.
Curtius. 41. 53, note. 57. 65. 80 ss. 86. 87. 93. 118.
Delbrück. 63. 117.
Diefenbach. 100. 118.
Diez. 98.
Dulaurier. 80.
De Dumast. 37.
Ebel. 50, note. 65. 99. 100.
Egger. 95.
Fabretti. 95.
Fick. 58.
Frœhde. 92.
Gabelentz. 119.
Gaidoz. 100.
Girard de Rialle. 63.
Glück. 100.

Goetze. 95.
Gorresio. 73.
Gosche. 80.
Grimm. 65. 109.
Haug. 77. 78.
Heyne. 117. 119.
Hirzel. 87.
Hœfer. 63. 75.
Hœpfner 117. 119.
Holtzmann. 64.
Justi. 77.
Kiepert. 105.
Kirchhoff. 95. 96.
Koch. 116.
Kossowicz. 77. 79.
Kraushaar. 54, note.
Kuhn. 43. 63. 75
Kurschat. 101. 102. 104.
Lange. 96.
Lassen. 73.
Lauer. 80.
Le Blant. 95.
Leskien. 50, note. 86. 96. 103. 107.
Leupol. 68. 70.
Littré. 34. 96. 97.
Lœbe. 119.
Loiseleur Deslongchamps. 72.
Lottner. 65. 100. 117.
Lübbert. 93.
Mahn. 64.
Massmann. 119.

Merguet. 93.
Leo Meyer. 87. 92. 118.
Miklosich. 104. 108.
Mommsen. 95. 96.
Muir. 76.
Fr. Müller. 74. 80.
M. Müller. 76.
Nesselmann. 103.
Oppert. 65. 66. 79.
Patkanoff. 80.
G. Paris. 97.
Petermann. 80.
Pfeiffer. 119.
Pictet. 83.
Pott. 58. 64.
Ad. Regnier. 63. 74. 75.
Rénier. 95.
Ribbeck. 93.
Ritschl. 92. 95.
Rœdiger. 86.
Roscher. 95.
K. L. Roth. 64.
Roth. 70. 75.
Savelsberg. 86.
Scherer. 118.
Schlegel. 73. 82.
Schleicher. 22. 27. 31. 37. 47. 50. 65. 95. 100. 101. 107. 113.
Joh. Schmidt. 50, note. 58. 104.
Schuchardt. 99

Schulze. 119.
Schweizer-Sidler. 63. 92. 93 s. 96.
Sonne. 76.
Spiegel. 43. 65. 76. 78. 79.
Stamm. 119.
Stenzler. 72.
W. Stokes. 63. 99. 100.
Vinson. 75.
Vostokov. 108.
Weber. 75. 83.

Weinhold. 116.
Westergaard. 76.
Westphal. 117.
Whitney. 75.
Wilson. 75.
Windisch. 63.
Zacher. 117. 119.
Zarncke. 103.
Zeuss. 99.
Zeyss. 92.

P. 99. Ligne 7. Voyez toutefois Chavée, Français et Wallon. 1857.

P. 105. Effacez les lignes 4, 5, 6.

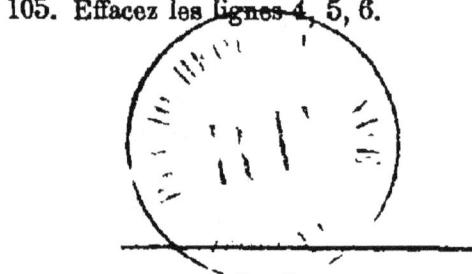

www.ingramcontent.com/pod-product-compliance
Lightning Source LLC
Chambersburg PA
CBHW060203100426
42744CB00007B/1143